もう怒りで失敗しない！

アンガーマネジメント
見るだけ
ノート

監修
安藤俊介
Shunsuke Ando

宝島社

もう怒りで失敗しない！

アンガーマネジメント 見るだけノート

監修 | 安藤俊介 | Shunsuke Ando

宝島社

怒りを知るところから
はじめてみよう

怒りにふりまわされて怒鳴ったり、言い争いになったりしたとき、「なぜ怒ってしまったんだろう」と後悔したことがあるでしょう。積み上げてきた信頼関係が崩れたり、相手を傷つけたりするのは決して気分のいいものではありません。のべ100万人を超えたアンガーマネジメント講座の受講者も、ほとんどが「怒りの感情をなんとかしたい」という動機でクラスを受けに訪れます。しかし、考えてみてください。後悔するべきなのは、「怒ってしまったこと」にたいしてでしょうか？　怒らなければ、怒った場合よりもすばらしい未来が待っていたのでしょうか？

私は、そうは言い切れないと思います。あなたが怒ったのは、このままにしたくない何かがあったから。「上司が嫌な言い方をしてきた」「彼氏が約束を守らなかった」「家族に理解してもらえなかった」など、うまく言語化できなかったとしても、言わなければならない何かがあったはずです。もしそこで怒らなければ状況は変わりません。それどころか「こいつは何しても怒らないな」と思われて、相手の言動はますます不快なものになっていったでしょう。そうならないために行動したことは後悔すべきではなく、むしろ誇るべきです。

後悔すべきは、「怒りにふりまわされてしまったこと」です。
●相手を傷つけるような嫌な言い方をしてしまった。
●相手の立場を無視して怒り、信頼関係を壊してしまった。

●ささいなことなのに、感情的になってしまった。

●暴力をふるってしまった。ものにあたってしまった。

　これらはすべて、怒りのままに（冷静さを欠いて）行動してしまったから起きたことです。なので、怒りのままに行動しないようにすれば、怒りで失敗することはなくなるのです。

「そんなこと、できる自信がない」と思われる方もいるでしょう。しかし、アンガーマネジメントなら、無理のない方法でそれを実現できます。アンガーマネジメント発祥の国であるアメリカでは、小学校に入る前の子どももアンガーマネジメントを学び、実践しているくらいです。私もアンガーマネジメントに出会う前は、怒りをコントロールするのは難しいと感じていました。「怒らないと決めなさい」「その人のよいところを探すようにしなさい」という精神論を聞いたとき、「そんなことができるなら苦労しないよ」と思ったぐらいです。しかし、アンガーマネジメントの対処法はそれらの精神論とは違い、理論がおもしろく合理的で、どんどんハマっていきました。そして、怒りをコントロールできるようになったおかげで、折り合いの悪かった父親との関係が劇的によくなりました。

　アンガーマネジメントを身につけると、家族関係だけではなく、職場やプライベートでも、人間関係がラクになります。不必要なことに腹が立たなくなり、言うべきときには不満を上手に伝えられるようになります。相手が怒ってきても、それに反応して感情的にならなくなります。そうなれば人生の負担はぐっと減ります。そのためには、まずは「怒り」について知るところからはじめてみましょう。知れば知るほど、「怒りって味方にできるんだ!?」と思えるようになりますよ。

一般社団法人日本アンガーマネジメント協会　代表理事

安藤俊介

もう怒りで失敗しない！

アンガーマネジメント
見るだけノート
Contents

Chapter 01
怒りについての
7つの誤解

Chapter 02
そもそもなぜ
怒りが生まれるの？

Chapter 03
怒りはどのように扱えばいいの？

Chapter 04
感情をうまく伝えると人間関係がうまくいく

Chapter 07
相手の怒りに
影響されない

Chapter 08
シーン別 気持ちの
上手な伝え方

その怒り…実は

味方にできます！

怒りにはネガティブな印象がありますが、上手に使えばよりよい人間関係や成功のための味方になります。

怒りによる後悔をなくすアンガーマネジメントとは？

アンガーマネジメントとは、1970年代にアメリカで開発された、怒りと上手に付き合うための心理トレーニング。怒りで後悔しなくなるのが特徴です（詳細は→ P30）。

怒りのせいで 言い合いになってしまう

アンガーマネジメントを学ぶと →

カチンときて相手を責めるような言い方をしてしまい、「なんであんなこと言ったんだろう……」と落ち込んだ経験はないでしょうか？ 怒りの感情にふりまわされると、本当に伝えたいことが伝わらないうえに、相手を怒らせてしまいます。大切な人間関係が、一瞬で台無しになってしまうことも……。

Case① After

怒りのおかげで 気持ちを上手に伝えられる

怒りの裏には伝えたい気持ちが必ずあります（→ P88）。
そして怒りによってそれが相手に伝わりやすくなります（→P38）。

怒りのせいで 疲れ果ててしまう

お前の
ミスだ

そんな
なんで!?

ムカつきすぎて
何も手につかない

アンガー
マネジメントを
学ぶと

言いたいことを言えず
ストレスがたまった

バカらしい…
何か疲れた…

怒りにふりまわされたり、怒りをガマンしたりすると、ストレスがたまります。それによりモチベーションが低下したり、ときにはメンタルヘルスに支障をきたすことも。また怒りの感情が長引くと恨みに変わり、相手に危害を加えようとすることもあります。

Case② After

怒りのおかげで 行動できるようになる

怒りは行動のための原動力にできます（→ P40）。相手を
見返そうと努力したり、不満があれば相手に伝えたりする
エネルギーにもなります。

怒りを味方につけるための

ロードマップ

Chapter1〜3までが基礎的な知識、Chapter4〜8が実践的な内容です。
怒りへの理解が進むと実践もスムーズに進められます。

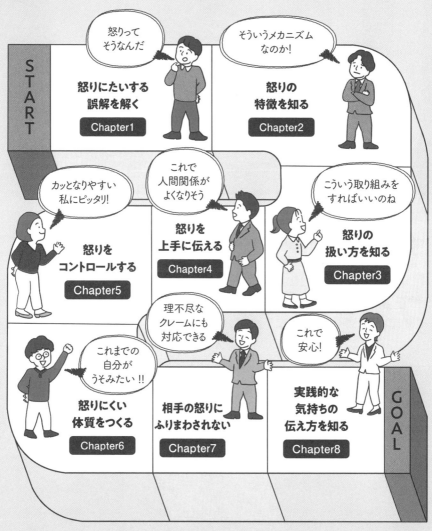

01 Chapter

❈

ANGER
MANAGEMENT
mirudake note

怒りについての
7つの誤解

怒りを悪者にすると
自分が苦しみます

怒りを味方にできずに失敗してしまうのは、 怒りについて思い違いをしているから。 誤解を解いて怒りへのイメージが変われば、 嫌だった怒りという感情を受け入れられるようになります。 まずは自分の先入観を打ち消すところからはじめましょう。

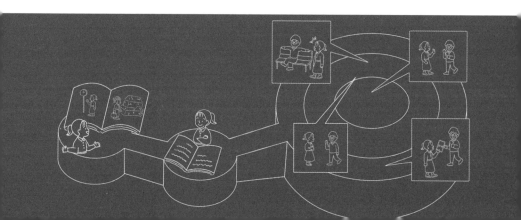

01 怒りの感情はムダなもの？

怒りが失敗の原因になることはありますが、怒りの感情は悪いことばかりではありません。メリットもあります。

怒りにふりまわされて、相手との関係を壊すような発言やふるまいをしてしまったことは、誰しもが一度はあるでしょう。そんなとき、「怒りなんて存在しなければいいのに」という気持ちになるものです。しかし、怒りの感情は決してムダなものではありません。逆に怒りがなければ、生きていくのが難しくなるとさえ言えます。そもそも、**人間を含む動物にとって怒りはなくてはならない感情**です。ここでは、クマを例に考えてみましょう。自分の縄張りに外敵があらわれたとき、

動物にとっての怒り

闘う
or
逃げる

出ていけ！

すみません…

➡神経を高ぶらせ、自分を強くする

クマは自身を危険にさらす存在である外敵に怒りを感じます。心臓がバクバク動き、筋肉をこわばらせ、体は臨戦態勢をとります。呼吸は浅く速くなり、全身の筋肉に酸素を送ります。こうしていつでも闘い、または逃走ができる状態にするのです。闘いか逃走のどちらかを選択することを「**闘争—逃走行動**」と呼びます。怒りを感じたとき、同じようなことが人間にも起こります。**自分や仲間がピンチのときに積極的に相手に立ち向かったり、相手にかなわない場合はいつもよりすばやく逃げる判断ができたりします**。複雑な社会を形成している人間は怒りのままに行動すべきではありませんが、怒りにもメリットがあるのです。

怒りにはメリットもある

自分がピンチ　→　怒り　→　ハッキリと意見を言う

仲間がピンチ　→　怒り　→　敵に立ち向かう　「コラ‼」

➡怒りが積極的な行動につながる

02 怒ると失敗につながる？

怒りで失敗するのは、怒りにふりまわされてしまうから。怒りを味方につけると、怒りで失敗しなくなります。

怒りの衝動にまかせて言いたいことをすべて言ってしまって人間関係が台無しになるように、怒りが不利益につながることがあります。しかし、怒りの感情そのものがすぐに失敗につながるのではなく、**怒りにふりまわされることが後悔するような結果につながる**のです。怒りはほかの感情とくらべても、**強いエネルギーを持つ感情**です。まだ心のなかの怒りの炎が小さいうちは自分をコントロールできますが、ストレスが積み重なって怒りの炎が大きくなってしまうと、それ

失敗するのはため込むから

失敗例①
突然感情を爆発させてしまう

失敗例②
大きくなった怒りが体調不良につながる

あいつのせいだ…

キリ
キリ

までのガマンが爆発して後先を考えない怒りまかせの行動をとってしまいます。
逆に怒りの感情をためすぎて、自分の心を乱してしまいイライラが収まらなく
なったり、体を悪くしてしまう場合もあります。怒りで失敗しないようにするた
めには、怒りを抑え込んだり無視したりするのではなく、味方につけることが
大切です。**なぜ怒りを感じてしまうのか、怒りはどういった特徴がある感情なのか
を知ることによって、必ず怒りを味方にできます**。怒りを味方につけることによって、
隠れた自分の気持ちや思考がわかるようになり、自分がとるべき行動もわかり、
怒りを成功につなげられるようになります。

抑えつけず、味方にすべし

 抑え込むとキレたり、心身不調に

○ **味方にすると成功につながる**

本当は○○して
ほしかったんです

そうなんだ！

03

怒りの感情は
持つべきではない？

教育の影響で「怒りは悪い感情」と考えてしまいがちですが、
怒りを認めて上手に対処することが大切です。

怒りを味方につけるという発想が一般的ではない理由のひとつは、「怒りの感情
は持ってはいけないもの」という考え方が広く根づいているからです。多くの
場合、**学校や家庭では「そんなに怒ってはいけません」「怒るなんて大人げない」
と聞かされて育ちます**。そのため、もめごとを起こさず、穏やかに過ごせるのが
美徳と考えてしまうのです。たしかに怒りにふりまわされてしまい、まわりの
人にあたるのはよくありません。しかし、喜びや悲しみと同じように、怒りも

"怒りは悪"は教育の影響

怒ったら
ダメですよ

年下に怒るなんて
大人げない

学校　　　　　　　　家庭

➡無意識に「怒ってはいけない」と考えてしまう

生まれつき人間に備わった自然な感情です。「怒ることは悪いこと」「怒りの感情は持ってはいけない」というのは誤解で、怒りを無視してはいけません。**大事なのは怒りを認めるとともに、「その怒りは損か得か」という視点を持つこと**です。一旦冷静になり、「怒るのが自分や相手にとってプラスになるのか」という視点が持てれば、怒りによる後悔が減ります。一見難しそうに見えますが、アンガーマネジメントは「**怒りによる後悔をなくす**」ためのトレーニング。その手法にのっとれば、怒りをコントロールし（5章）、ときには上手に伝える（4章）ことができるようになり、怒りを前向きにとらえられるようになります。

怒りを認めることが第一歩

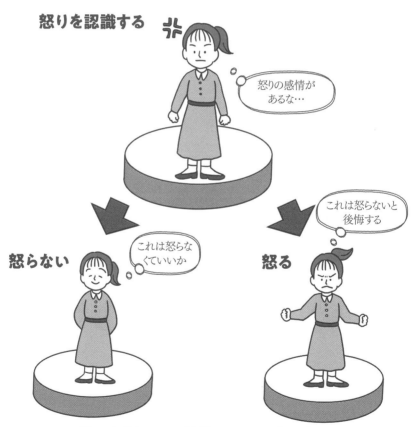

怒りを認識する

怒りの感情が
あるな…

怒らない

これは怒らな
くていいか

怒る

これは怒らないと
後悔する

➡怒りを認めると後悔しない選択ができる

04 怒りの原因は「他人や嫌なできごと」？

「他人」や「できごと」はあくまで怒りの対象であり、怒りの本当の原因は自分のなかにあります。

最近怒りが生まれた場面を思い出してみてください。その怒りの感情は、いったい何が原因で生まれたのでしょうか？ おそらく具体的な誰かの顔や、嫌なできごとが頭に浮かんだことだと思います。しかし、**怒りの本当の原因は自分のなかにあります**。というのも、人は自分のなかに「〜すべき」といった「**ゆずれない価値観**」のようなものを持ち、それに相反するものと直面したときに怒りが生まれるからです。例えば、貸していたものが壊されても怒らないのに、ちょっ

怒りの原因は実は自分のなかにある

怒りの原因は「相手」「できごと」ではなく
自分の「ゆずれない価値観」

とした遅刻に厳しい人がいます。この人には「借りたものは必ずもとの状態で返すべき」という価値観はありません。その一方で「待ち合わせ時間には必ず間に合わせるべき」という価値観があるため、壊したことに怒らず、5分の遅刻には怒るのです。人によっては、遅刻に怒らず壊したことに怒る人もいるでしょう。つまり、同じできごとにも怒る人と怒らない人がいるのです。これは、その人自身が「怒る」を選択していると言えます。**「誰か」や「何か」に怒らされているのではなく、「自分が」怒りを選んでいるということに気がつくと、怒りをコントロールしやすくなります。**

「べき」が怒りを生む

✕ **怒りの原因ではない**

遅れた〜

嫌いな誰か　　　　不快なできごと　　　　役に立たないもの

◯ **怒りの原因**

少しでも遅れる
べきではない

製品はすぐに
壊れるべきではない

そのようにふるまう
べきではない

➡自分の「べき」が怒りを生む

05 怒りはコントロールできない？

怒りの衝動は反射的に生まれるものではないため、コントロールするチャンスがあります。

「怒りの衝動は、一度起こると止められない」と思われるかもしれませんが、衝動的な怒りは必ず抑えられます。というのも、**怒りは生理反応のように反射的に起こるのではなく、段階を踏んで起こる**からです。例えば身近な人に、「そんなこともできないの？」と言われたとします。一見、嫌な言い方にすぐに怒りが生まれるように見えますが、実際は「そんなこともできないの？」という言葉が何を意味しているのかを考える時間があります。その段階を通りすぎて「考えた結果、

怒りには必ずタイムラグがある

自分のことをバカにしているんだ」と受けとり、怒りが生まれるのです。**怒りが生まれるのに時間がかかるということは、ある意味では怒りをコントロールするチャンスが多くあると言えます**。アンガーマネジメントの最終目標は、認識を修正したり行動を変えたりすることで快適な日々を送ることですが、それには時間がかかります。しかし、「**意味づけ**」にかかる時間を利用して行うスキル（5章）は、読んですぐに実行できる即効性があるのです。まずはスキルで怒りをコントロールしつつ、認識の修正（6章）や行動を変える（4章）ことで、怒りを味方につけやすくなります。

衝動をコントロールするチャンス

できごと　**意味づけ**　**怒り**

怒りの強さ

時間

**怒るまでには段階があり
その間が衝動をコントロールするチャンス**

怒ればなんとかなる？

怒りで相手を動かす行為が習慣になっている人も多いですが、
長期的に見ると自分の損失につながります。

怒ることにたいしてマイナスのイメージがある一方で、怒りによって得をしようとする人がいます。とくに管理職などの立場の人には、「こっちの言う通りにしていればいいんだよ」といった、**怒りで相手をコントロール**しようとする人が多く見受けられます。また、家族などの身近な人に対しても、怒りで相手の行動を操ろうとしてしまう場合があります。その場では相手が思う通りに動いてくれるので、なんとなくうまくいったととらえてしまい、怒りで相手をコントロー

怒りで相手を動かすデメリット

❶怒りで動かす　➡　❷相手が動く　➡

なんで言うこと
聞けないの？
やれよ！

思い通り
動いた

❶上手に伝える　➡　❷相手が動く　➡

Aをやってね
なぜなら〜

説明が
大変だった

ルする習慣がついてしまうのです。しかし、**長期的な視線で見ると怒りで相手を
コントロールすることは、自分にとって大きな損失であると言えます。**「つべこべ言う
な!」「言う通りにやれ!」と怒鳴られた相手は、恐怖で仕方なく動いているだ
けで納得して行動を変えているわけではないからです。**「言うこと聞いておかな
いと、あとが怖いし……」という動機で動いた相手は、判断力が身につきません。**
同じようなケースが再びあっても、また怒らないと動かないようになります。最
初は手間に感じるかもしれませんが、その通りにやらないといけない理由をき
ちんと伝えると相手が成長し、信頼関係もできあがります。

長期的に見ると"怒りで動かす"は損

怒りで相手をコントロールするのは、相手をないがしろにする行為です。相手が成長しないばかり
か、敬意のなさが相手に伝わり、信頼関係を損ないます。

07 怒りは伝えてはいけない？

必要なときには、怒りは相手に伝えるべきです。言い方に注意して伝えると、状況が改善します。

怒りの感情は持つべきではないと考える人にとって、怒りを伝えることは絶対にしてはいけない行為だと感じるはずです。しかし、**必要に応じて怒りを伝えないと、相手の行動は変わりません**。例えば、相手に資料のまとめをお願いされたとき。「本来は自分の仕事ではない」「定時をすぎているのでやりたくない」という気持ちがありながら、それを引き受けてしまうと、何度も同じような仕事を依頼されてしまいます。また、嫌われたくないからといって、ニコニコしな

伝えないと状況は改善しない

がら「ちょっと今はやれないかもしれないです……」と言うと、相手に真剣さが伝わりません。「そんなに嫌じゃないかもな」「押せば言うことを聞いてくれるだろう」と思われてしまいます。**これはゆずれないと感じることにたいしては、思いを正直に話しましょう**。もちろん、伝え方には注意が必要です。してはいけないのは、**相手を責めるような言い方**です。「自分の仕事ですよね。しかもこんな時間に丸投げするなんて、おかしいんじゃないですか?」と相手の人格を否定するような言い方は避けるようにしましょう。具体的な伝え方は4章で解説します。

怒りのダメな伝え方

①相手を責める

そんなに
怒らなくても…

自分の仕事ですよね
こんな時間に丸投げなんて
おかしいんじゃないですか

②あいまいに伝える

いつならできる？

ちょっとほかのことで
忙しくて…

アンガー マネジメント とは？

1970年代にアメリカで生まれた、怒りの感情をマネジメントする（上手に付き合う）ための心理教育、心理トレーニングがアンガーマネジメントです。

当初は怒りをコントロールできない犯罪者のための矯正教育プログラムでしたが、時代の変遷とともに一般化され、今では企業研修や人間関係のカウンセリング、アスリートのメンタルトレーニングなど、幅広い分野で活用されています。アメリカでは子どもにアンガーマネジメントを教えることも一般的で、普段の生活にアンガーマネジメントが浸透

ときには怒ってもいいんです

アスリートも
やっているんだ!?

しています。また、テニスのロジャー・フェデラー選手をは
じめ、多くのアスリートがメンタルトレーニングとして取り入
れ、成果を残しています。

日本アンガーマネジメント協会ではアンガーマネジメント
を「怒りの感情で後悔しないこと」と定義しています。怒
鳴って相手を傷つけたり、上司や恋人にキレてしまったり
して信頼を失ったら、取り戻すのに多くの時間がかかりま
す。また、過剰に怒ってしまったことへの後悔だけではな
く、怒らないといけない場面で怒ることができなかったとい
う後悔もあります。「反論しないでいたら、どんどんないが
しろに扱われるようになってしまった」といったことがないよ
うに、必要なときには上手に怒れるようになり、必要がな
いときには怒らないで済むようになることが目標です。

最近では、チームの生産性を上げるために、会社でアン
ガーマネジメントが採用されるケースもあります。怒りをぶ
つけ合わない職場では、意見を積極的に交換できるため、
組織力が向上します（P100）。

Column 02

怒りと向き合ってきた宗教や哲学

アンガーマネジメントは、怒りの感情を肯定的にとらえるのが特徴です。怒りとはなくすことができない自然な感情であり、怒りは感じてもいいと考えます。悪いのは怒りの存在を悪いものとして無視し、抑え込んだり暴走させてしまうことです。怒りを理解して発生のメカニズムを知ることが、怒りと上手に付き合う秘訣だという考え方です。

では、アンガーマネジメントが誕生する前、人類はどのように怒りと向き合っていたのでしょうか？　仏教の開祖であるブッダは、怒りは相手を傷つけるうえに、自分も苦しめて

怒りを捨てるのが
ブッダ流

怒りは有用です

この怒りにも
意味が…

しまうので、「怒りは捨てよ」と言いました。怒りは、「もっと思い通りにしたい」という執着心につながります。また、「過去の怒り」がさらなる怒りを生みだす。そのために平穏に生きたいのであれば、怒りを生みださないようにしようと説いています。また、ローマ帝政初期のストア学派の哲学者であるセネカは、ブッダほど過激ではないですが、怒りを否定的なものとしてとらえています。「怒りにふりまわされることは理性、ひいては人間らしさを失う」という考え方です。

一方、怒りを有用なものと肯定的にとらえる考え方も古くから存在しています。古代ギリシャの哲学者であるアリストテレスは、怒りを含む情動は理性的な要素もあり、怒りは正しい条件の下であれば、有用で善につながると説いています。神学者のトマス・アクィナスはアリストテレスの理論をさらに発展させ、怒りには目標を達成するのを手伝う役割があると述べました。どのように怒りと向き合うにしても、その怒りをどうとらえるかが大事だと、人類の歴史からもわかります。

02 Chapter

ANGER
MANAGEMENT
mirudake note

そもそもなぜ
怒りが生まれるの?

怒りの原因は
他人ではなく
自分のなかにあります

怒りを味方につけるために、 そのメカニズムと特徴を理解しましょう。
怒りは人間に備わった大切な感情で、 怒りの原因が自分のなかにある
ことがわかれば、 怒りにふりまわされてきた自分を変える自信がつきま
す。 ここでは過剰な怒りのデメリットについても解説します。

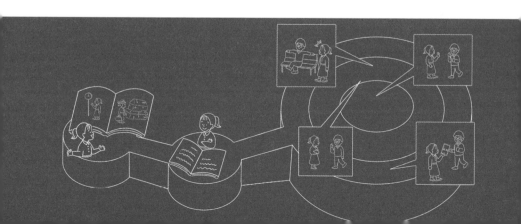

01 怒るのは自分の 大切なものを守るため

怒りの感情には、ピンチに立たされたときに状況を覆す役割が
あります。怒りの役割を理解しましょう。

怒りは身を守るための**防衛感情**だと言われています。車の運転をしているとき
に、あおり運転などの危険な運転に遭遇して怒りが生まれるように、**身の安全
を脅かされたときに人間は怒りを感じます**。同じように、心の安全を脅かされた
場合にも、怒りは生まれます。例えば、自分の自尊心を傷つけるような発言を
されたとき。がんばって取り組んだ仕事を、「こんなのしかできないの？ 今
まで何やってたの？」と言われると、怒りを感じるでしょう。現代の社会では、

怒りの原因となりうるもの

信頼関係
信じていたのに浮気するなんて

努力したこと
一生懸命つくったのに残すなんて

健康
一気飲みなんてできません！

評判
悪口はやめてください

心身の安全が脅かされるような場面が数多くあります。信頼している人に裏切られたり、努力が認められなかったりといった人間関係の危機。遅くまで働かなければならなかったり、一気飲みを強要されるような健康上の危機。SNS上に悪評を流されたりする社会的な危機など、種類はさまざまです。そんなとき、自分の心身を守る役割を怒りが果たします。「危ないじゃないか！ 何をするんだ！」「私にも言い分がある！」と相手に立ち向かったり、「こんな人ともう一生関わらない」と関係を絶ったりすることで、心身の安全を保てます。**怒りは自分を守るために備わった、防衛システムのようなもの**なのです。

心と体の安全を守る

体を守るとき

危ないじゃないか！
何をするんだ

心を守るとき

あなただって
悪いじゃない

**距離を置いて
自分を守る**

こんな人と関わるのは
やめよう

怒りは身を守る防衛感情

02 怒りのおかげで不満を 相手に伝えやすくなる

怒りが相手に伝わると譲歩してもらいやすくなるうえに、怒り
の感情を起こすきっかけにもなります。

不満を相手に伝えるのは、なかなか勇気のいることです。性格的に人に意見を言うのが苦手な人もいるでしょう。そうでなくても日常的に顔を合わせる同僚や友人に、「それは嫌なのでやめてください」と伝えるのは、 ちょっとハードルが高く感じてしまうものです。しかし、**本当に嫌なときは、自分の意志を伝えなくてはなりません**。そんなときに力になってくれるのが、怒りの感情です。冷静に自分の怒りの感情を伝えることができれば、相手にこちらの**真剣さが伝わ**

怒りがないと伝わらない

 **真剣味がないと
相手に軽く受けとられる**

り、行動を変えてもらいやすくなります。また、怒りを感じることで自分自身も「これだけは言わないといけない」と踏ん切りがつきやすくなります。人間関係で本当に大事なのは、怒りを含めたネガティブな感情も含め、わかってほしい気持ちを伝え合うことです。**怒りを伝えるべき場面とそうでない場面を区別する（p46）必要はありますが、相手に自分の意志を伝えることができなければ、本当の意味で良好な関係を築くことはできません。**言いたいことをため込むのではなく、感情にまかせて相手をののしるのでもない良好な関係をつくるのに、怒りの感情は貢献してくれます。

怒りが状況改善につながる

こんな時間にやめてください

ぐっすり寝られる

→ **怒りが伝わると相手の行動が変わる
ただし、伝え方に注意**

✕ **相手をののしる**　　　✕ **どうしてほしいか
言わない**

なんだと！

おい！ヘタクソ

どうしたらいいんだ…

あなたのせいで最悪！

03 怒りが行動のための原動力になる

上手に使えば、人は怒りを原動力にできます。そのエネルギーはつらいときにこそ助けになります。

怒りの感情は**行動のモチベーション**にもなります。というのも、怒りは悲しみや喜びといった感情よりも強いエネルギーを持っているからです。気をつけないと怒りの感情にまかせて行動してしまったりなど、怒りのエネルギーにふりまわされてしまいますが、上手に使えれば自分を奮い立たせることができます。例えば、**ノーベル賞を受賞した中村修二教授は、研究費にたいしてあれこれ言われた怒りを原動力に青色LEDの開発に成功しました。**一流のプロ野球選手も過

怒りのエネルギーが行動につながる

悲しみ　怒り　喜び　やるぞ!

つらい　苦しみ

怒りは強い感情

自分を奮い立たせる
ことにつながる

去の敗戦をバネにして結果を出す人が数多くいます。怒りには、窮地に陥った人を発奮させる力があるのです。これは何も、ノーベル賞をとるような一流の人物に限った話ではありません。普通の人でも、怒りのエネルギーを利用することができます。例えば、仕事のノルマを達成できなかったとき。**上司のせいにしたり、自分のせいにしてしまうと、ただイライラがつのるばかりです。一方で、「次は結果を出すぞ」と未来の行動を意識すれば怒りのエネルギーをプラスにつなげられます**。心が折れそうな現実を前にしても、前向きな力を失わないために怒りが存在するとも言えるのです。

使い方しだいでプラスにできる

04 ゆずれない価値観が 怒りの源

怒りは「こうあるべきだ！」という価値観が原因で生まれます。
これを知っておくと怒りへの対処がラクになります。

ここまでは人間に怒りが備わっている理由を解説してきました。ここからは怒りが生まれるメカニズムについて説明していきます。**怒りの原因は自分のゆずれない価値観にあります(p22)**。「待ち合わせ場所には5分前に着いておくべき」「報告は結論から話すべき」「上司・部下はこうあるべき」など、人間には、それまでの人生経験から培われた「こうあるべきだ！」という価値観があります。それらは靴の並べ方から人間性のあり方まで、大小さまざまな事柄に及んでいま

怒りの原因は価値観とのギャップ

理想 現実

5分前には着くべき 10分遅れる

報告は結論から話すべき 余分な話をする

Aの件です

ギャップ

怒り

す。それらの価値観のことをアンガーマネジメントでは、**コアビリーフ**と呼びます。**そのコアビリーフが現実を前に破られたとき「本当はこうあるべきなのに！」と怒りが生まれる**のです。もちろんコアビリーフの内容は人によって大きく異なります。「ズルをした人は報いを受けるべき」「まじめな人が報われるべき」といったコアビリーフを持つ人もいれば、そうでない人もいます。そのふたりが同じ場にいたとき、前者は怒りが生まれても、後者は怒りません。なぜなら後者はコアビリーフが破られていないからです。このようにそれぞれの「コアビリーフ＝べき」が怒りの原因になります。

ゆずれない価値観＝コアビリーフ

Aさんのコアビリーフ

ズルした人は
報いを
受けるべき

まじめな人が
報われるべき

割り込みなんて
許せない

そんなに怒らなくても…

**Bさんの
コアビリーフ**

座りたい人が
座るべき

コアビリーフは人によってさまざま

05 身近な人にこそ 怒りやすくなる

よく知った相手にこそ「こうあるべきだ」という思いは強くなります。他人のコアビリーフを尊重するようにしましょう。

コアビリーフは、**自分の期待や理想**と言い換えることもできます。「こうあるべきだ！」という思いの裏には、「こうあってほしい」という願いが込められているからです。そして、もっとも期待や理想を抱きやすい相手は、自分の身近な人です。「長い付き合いだから理解してくれるべき」「苦労をともにしてきたから、大目に見てくれるべき」など、**そばにいる人間には甘えから期待を抱きやすくなります**。そして過度に期待してしまうため、それが裏切られたときには大

身近な人には怒りやすい

 期待がある分、怒りが強くなる

きな怒りが生まれてしまうのです。もちろん、どんなコアビリーフを持つかは人それぞれ。自分が「こうあるべきだ!」と思うのと、まったく同じ価値観を持つ人はいません。同じ「遅刻はダメ」という価値観でも、間に合えばいいという人と10分前に着くべきだと考える人がいます。また、価値観は時代や環境によっても大きく変わるため、正解はありません。**大切なのは、他人のコアビリーフを尊重すること**。身内だからと甘えるのではなく、「この人はこういう価値観なんだ」というように、相手のコアビリーフを受け入れられるようにすると、怒りにくくなります。

他人の「べき」を尊重する

・べきに正解はない

・人によって程度が異なる

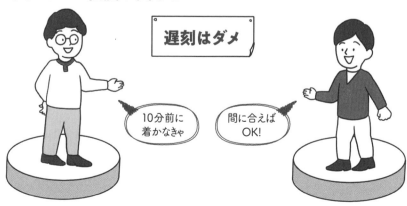

06 許容範囲を意識すると後悔がなくなる

「～すべき」という境界線以外にも、怒るか怒らないかの境界線があります。それを意識すると怒りによる失敗が減ります。

「～すべき」というコアビリーフを破るような行動をされると、怒りが生まれることをお伝えしました。しかし厳密には、価値観の区分けは下記の図のように分けられます。**自分の「べき」と同じOKゾーンがあって、そのまわりに自分のコアビリーフから外れているが怒らない許容ゾーンがあります。その先が怒りの生まれるNGゾーンです。**例えば、「待ち合わせには５分前に着くべき」というコアビリーフを持っている人がいたとします。その人は待ち合わせの５分前に来なかった

「べき」以外のふたつの区分け

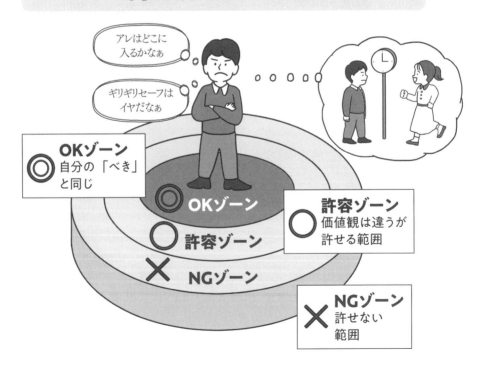

アレはどこに入るかなぁ

ギリギリセーフはイヤだなぁ

OKゾーン 自分の「べき」と同じ

OKゾーン

許容ゾーン 価値観は違うが許せる範囲

許容ゾーン

NGゾーン

NGゾーン 許せない範囲

からといって必ず怒るわけではなく、「自分の価値観には合わないけれど、怒るほどではない」というゾーンが存在します。それが5分前〜待ち合わせ時間だとしたら、待ち合わせ時間以降に到着するのが怒りの生まれるNGゾーンです。この区分けの仕方を**「べき」の三重丸**と呼びます。**この区分けを明確にすると、いざというとき自分が怒るべきか（または怒らないべきか）が明確になります**（p134）。「NGゾーンなら今後の信頼関係のためにも怒ろう」「許容ゾーンだったら、怒る必要がない」という判断がしやすくなり、怒るべきではないときに怒ってしまって後悔するのを避けられます。

「べき」の三重丸のメリット

怒るべきかどうかが明確になる

もっと早く来るべきだけど、まぁいいか…

お待たせ

必要なときに怒りやすい

ごめん

これは本当に許せないから伝えなきゃ

➡ 怒りで後悔することが減る

47

07 過剰な怒りは生産性を下げる

怒りは生まれつき人間に備わった感情ですが、そのままにしてしまうと社会のなかで生きづらくなってしまいます。

上手に扱えれば怒りにはメリットもありますが（p36〜41）、**コントロールできない過剰な怒りにはデメリットがあります**。そのひとつが人間関係の悪化です。例えば商品の誤発注があり、発注担当のAさんは「自分は発注していない」と主張し、在庫担当のBさんは「たしかに自分は発注の依頼を受けた」と弁明しているとします。ここでAさんが「俺がうそをついていると言うのか！」と怒りのままに主張すれば、一旦はBさんのミスとして場が落ち着くかもしれません。しか

怒りのままに行動すると損をする

そっちの聞き間違いじゃないか！

そっちの発注ミスだろ！

俺は悪くないもんね

関わりたくないから気になることあるけど話さないでおこう

し、怒りをぶつけられたBさんは、Aさんと話すのに苦手意識を持つようになり、AさんとBさんの連携は滞りやすくなります。結果、**職場の生産性**やAさんの仕事の効率性も下がってしまいます。また、怒りによる集中力低下、職場の雰囲気の悪化、怒った本人の評価が下がるなど、関係悪化以外にもさまざまなデメリットがあります。こうした怒りのデメリットは、人間が複雑な社会に生きている証でもあります。**動物であれば怒りのままに行動しても損はしませんが（p16）、本能的な怒りをそのままにしてしまうと人間にとっては大きな損失です。** そのため怒りについて理解し、マネジメントすることが必要なのです。

怒りが損か得かを意識する

■損する怒り

08 怒りで自分の健康を害することも

怒りを上手に扱えず自分への怒りが高まると、自分の健康を害する自傷行為につながる場合があります。

怒りは他人にぶつけられるだけではなく、自分自身にぶつけられるものでもあります。例えば、怒りのストレスがたまってイライラしているとき、他人に怒りをぶつける人もいれば、そうできない人もいます。**ストレス解消もできずに行き場を失った怒りは、やがて自分に向けられるようになります**。そして、「なんで自分はダメなんだろう」「なんでこんなことも乗り越えられないんだろう」と自分を責めるようになるのです。このようなケースでは、自分で自分を傷つける**自傷**

怒りのストレスは自傷行為につながる

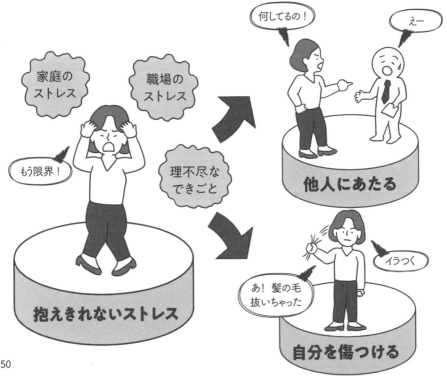

家庭の
ストレス

職場の
ストレス

もう限界！

理不尽な
できごと

抱えきれないストレス

何してるの！

えー

他人にあたる

イラつく

あ！ 髪の毛
抜いちゃった

自分を傷つける

行為をしてしまう場合があります。いつのまにか自分の髪を抜いてしまったり、爪を噛んでしまったり、無意識に自分の体を傷つけてしまうのです。また、あまり知られていませんが、過度の飲酒や喫煙も自傷行為の一種です。「気分転換やストレス解消に何をしていますか？」とアンケートをとると、よく飲酒や喫煙が回答に挙がります。**体を壊すとどこかでわかっているのに過度の飲酒や喫煙をしてしまう裏には、怒りを自分に向けてしまっている可能性があります**。そのほかギャンブルやネット閲覧、買い物などへの依存、頭痛薬などの習慣的な多用なども、自分への怒りが原因の場合があります。

自覚がない自分への攻撃に注意

自分や状況への怒り

飲まないとやってられない

飲酒・喫煙

夢中になっていないと思い出しちゃう

ネット・ギャンブル依存

イライラして頭が痛い

薬飲まなくちゃ

頭痛薬の多用

Column 03

覚えておきたい
5つの
怒りの性質

怒りには下記の5つの性質があります。これらを知っておくことで怒りに対処しやすくなります。

●周囲に伝染する
「楽しいな」という気分を表現する人がいるとその場が明るくなるように、怒っている人がいるとその場がピリピリします。それは怒りの感情が周囲に伝わるから。知らない間に怒りを伝染させないように気をつけたいものです。

●高いところから低いところに流れる
役職が高い人が低い人に怒りをぶつけやすいように、怒りは力関係が強い人から弱い人に伝わります。職場だけではなく、家庭内でも夫婦の強いほうから弱いほうへ、親から子どもへと怒りが連鎖していきます。

● 身近な対象ほど、強くなる

　一緒に長くいる相手にほど甘えが出てきて、「コントロールできるのではないか」という思い込みが生まれます。その分、期待通りにいかないと強い怒りをぶつけやすくなります。

● 矛先を固定できない

　怒りを感じた対象以外にも、全然関係のないところに怒りをぶつけてしまう場合があります。ネット上や飲食店の店員になど、やつあたりをしていないかふりかえってみましょう。

● モチベーションになる

　バカにされたときや成果が出なかったとき、怒りは発奮材料になります。マイナスな要素だけでなく、怒りを建設的な方向に使うこともできるのです。

注意すべき怒りの4つの傾向

怒りを必ずしも悪者にすべきではありませんが、次に挙げる4つの傾向の怒りはとても危険な状態です。過剰な怒りは身を滅ぼします。これ以上ふくらまないように気をつけるようにしましょう。

●強度が高い

怒ったときに自分でもまったくコントロールができず、怒りだしたら止まらなくなってしまうような怒りには警戒が必要です。そのような状態になると、どんなに制止しようとしても怒りを抑えられなくなってしまいます。

こんな激しい怒りは感じたことがない！

●頻度が高い

いろんなことに怒りを感じ、いつも不機嫌に見える状態で
す。怒ることが習慣になってしまっている場合があり、過去
のできごとからも怒りを感じてしまう「思い出し怒り」もし
てしまいます。

●攻撃性を持つ

怒るたびに暴力をふるったり、言葉で相手を傷つけてしま
うような状態です。暴力の対象は怒りのもととなった相手
だけではなく、まわりのものにあたって壊したりすることもあ
ります。また、自分を責めてしまい、過度な飲酒や薬物依
存に至るのも、自分への攻撃性が高い状態にあると言えま
す。

●持続性がある

一度怒るとなかなか怒りが鎮まらない状態です。ケンカを
してずっと口をきかなかったり、不機嫌な態度をとってしま
います。ひどくなると、同じ相手のことを恨み続けて危害
を加えようとします。

怒りはどのように
扱えばいいの?

いよいよ怒りを上手に扱う方法について解説します。怒りへの対策は、
「コミュニケーションの改善」「衝動のコントロール」「怒りにつながる
認識の修正」の3つに分けられます。自分に必要な対策を選べるよう
になりましょう。

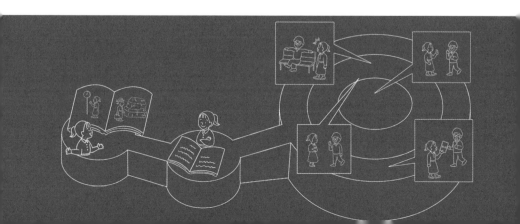

01

解決思考で考えると
対策が見えてくる

怒りの原因を追究すると過去のできごとを思い出してしまい、
怒りが増します。解決策にフォーカスするようにしましょう。

怒りを味方につけて、毎日の暮らしを理想的なものにしたいのであれば、やっ
てはいけないことがあります。それは「**過去にさかのぼって怒りの原因を追究す
ること**」です。例えば、日報をきちんと書かない部下の態度にイライラしている
とします。部下が言うことを聞かない原因を探しはじめると「あいつの性格が
だらしないから」「前の上長がきちんと指導しなかった」「親の育て方が悪い」
など、変えられないことばかりに目がいってしまいます。また、原因を探るの

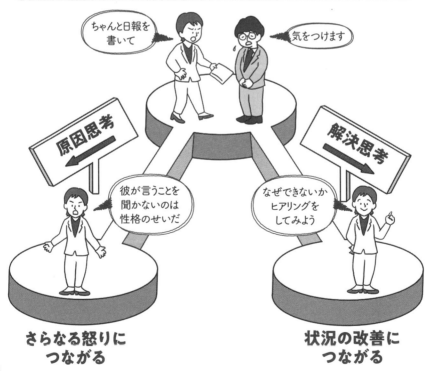

原因思考より解決思考

ちゃんと日報を
書いて

気をつけます

原因思考

解決思考

彼が言うことを
聞かないのは
性格のせいだ

なぜできないか
ヒアリングを
してみよう

さらなる怒りに
つながる

状況の改善に
つながる

は過去を思い出す行為です。その過程でイライラさせられたことを思い出してしまい、怒りはさらに強まっていきます。**大切なのは、「自分が怒りをコントロールして、どのようになりたいのか」を思い描くこと**です。先ほどの例であれば、「イライラせずに、部下がきちんと言うことを聞いてくれる関係をどうやったら築けるのか」を考えること。それができるようになると、なりたい状態と現在の違いが何かに気がつき、解決策を考えられるようになります。この考え方を**ソリューション・フォーカス・アプローチ**と言います。アンガーマネジメントの土台となる考え方です。

過去にさかのぼると怒りが増す

➡️原因の追究は怒りを強めてしまう

➡️今、できることを考えるとプラスになる

02 問題が解決したところを イメージしてみる

怒りを味方につける方法は人によって違います。まずは、自分がどうなりたくて、何を変えるべきなのかを考えてみましょう。

怒りにふりまわされない理想の自分は、普段怒りで困っている人ほどイメージしにくいものです。そんな人でも具体的になりたい自分を思い描くことができる、**ミラクルデイ・エクササイズ**というテクニックがあります。「怒りを完璧にコントロールし、伝えたいことを伝え合える上手なコミュニケーションができた日」を想像しながら、以下の質問に答えていくエクササイズです。リラックスできる場所で行うと、よりイメージが浮かびやすくなります。イメージにはな

最高の一日をイメージする

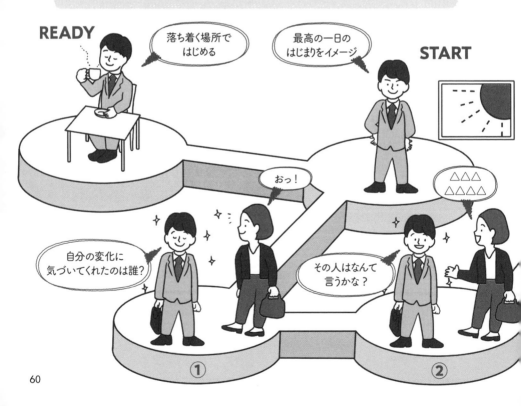

んの制限もかけずに、具体的に思い浮かべるようにしましょう。まずは、朝起きて最高の一日のはじまりをリアルにイメージしてください。①最初にいつものあなたとの違いに気がつくのは誰でしょうか？　②そして、その人はあなたに向かってどんな声をかけてくれるでしょうか？　③そう言われてあなたはどのような気分になりましたか？　④その日はいつもと違うどのような行動をとりましたか？　⑤この最高の一日とくらべて、今日（ミラクルデイ・エクササイズを行った日）は、100点満点中何点でしょうか？　⑥この最高の日に近い一日は、最近ありましたか？　また、それはいつだったでしょうか？

ミラクルデイ・エクササイズ上級編

慣れてきたら、次の質問にも追加で答えるようにしましょう。
①－2 最初に気がついた人は、なぜあなたの変化を見つけられたのでしょうか？　②－2 ほかには誰があなたの変化に気がつき、なんと声をかけてくるでしょうか？　⑤－2 なぜその点数だと思ったのでしょうか？　⑥－2 その日は誰と何をしていて、その人はあなたをどう思ったでしょうか？

気持ちを上手に伝えて よい関係を築く

怒りで後悔しないようになるには、怒りや不満を上手に伝えられるようになるという方法もあります。

なりたい姿が想像できるようになると、その理想と今がどう違っていて、何を変えたらいいのかが見えてきます。その結果、**「これまでの自分は怒りの伝え方がよくない」「上手に自分の気持ちを伝えてわかってもらいたい」と感じた方は、コミュニケーションの仕方をあらためて考え直すのがおすすめ**です。怒りにふりまわされてしまう人は、怒りにまかせて言いたいことを言ってしまったり、怒りを誰かのせいにしたりしてしまいます。そうすると相手を困惑させてしまうばかりか、

とるべき選択肢はふたつ

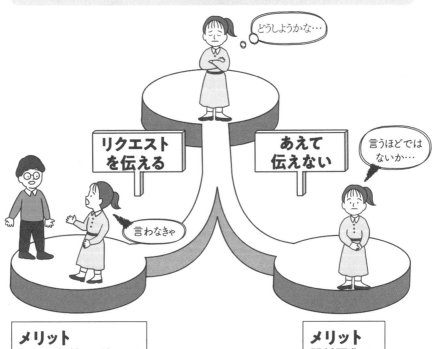

相手に反発されて言い争いになってしまいます。自分の怒りや不満を伝えたいときは、「自分がどんな気持ちか」「実際はどうしてほしかったのか」を伝えるようにします（p90）。また、**上手なコミュニケーション**という意味では、**場合によっては怒りや不満を伝えないという選択肢を選べるようになるといいでしょう**。「あとから考えてみたら、怒りを伝えるほどでもなかった」「もし怒りを伝えていたら、確実に相手が逆上した」ということがないように、伝えるべきかどうかの基準をしっかり持っておくことが大切です（p46）。コミュニケーションを改善したい人は、4章の内容を重点的に取り組むといいでしょう。

上手に伝えられる人の3つの特徴

❶ 自分のなかでの基準が明確

怒る基準が明確だと、相手は「この人はこうされると嫌なんだな」と理解ができます。それにより相手に嫌な行動をされることが減ります。

❷ 自分の感情の扱いがうまい

イライラしながら伝えると、それが相手に伝わってしまいます。いざというときに冷静でいられることが大切です。

❸ ときには聞き流せる

自分の不満を伝えたときに、相手が逆上してしまう可能性があります。そこで反応せずに聞き流せると、話を前に進めることができます。

63

04 伝えるときは語彙を増やして「強い言葉」を避ける

気持ちを相手に伝えるときは、自分の感情を正しく認識して相手に伝わるような言葉で話すことが大切です。

「怒りや不満を感じたときに、つい相手と言い争いになってしまう」「冷静に話そうとしたのに、ついカッとなってしまった」 これらの場合、怒りに関する言葉の引き出しが少ないことが原因である場合があります。自分が感じる怒りを、いつも同じ「ムカつく」や「最悪」といった、**数少ない語彙**でしか表現できないと気持ちは相手に伝わりません。そればかりか**「親しい人に裏切られるような強い怒り」**も**「ちょっと肩がぶつかった程度の弱い怒り」**も同じ「ムカつく」と表現

伝えるためには"言葉の引き出し"が必要

言葉の引き出しが少ない

バカじゃない!?

なんでわからないの!

理解されず自分もストレスに

言葉の引き出しが多い

急なことで戸惑っている

わかってもらえず悲しい

なるほど

気持ちが伝わり自分がラクになる

してしまうと、自分のなかでの怒りがどのような感情なのか整理ができず、思わず手を出すなどの暴力的な行動に出てしまいます。自分の感情を正しく認識し、相手に伝えられるようになれば、相手に気持ちが伝わって何より自分がラクになります。また、正確に自分の気持ちを伝えられれば、相手が納得してくれることは意外と多いものです。ただし、自分の気持ちを伝えるときに決めつけたり、強い言葉を使ったりするのは禁物です。**「あなたはいつも〜」「絶対に〜」といった根拠のない思い込みからくる言葉は、相手の反感を買ってしまいます**。相手のことではなく自分の感情を中心に伝えるようにしましょう（p88）。

相手が嫌な言い方を避ける

理性が働かない6秒をやり過ごす

怒りで衝動的になってしまうメカニズムを理解すれば、突発的な行動で損をするのを防ぐことができます。

衝動のコントロールに取り組むときに知っておきたいのは、怒りが生まれてから**理性が働くまで6秒**かかるということです。怒りを感じてから爆発したように怒鳴って、すこし経ったあとに「言ってしまった……」と血の気が引くのは、怒った6秒後に理性が働くからなのです。**怒りで失敗してしまうのは、この理性の働かない6秒の間に衝動的な言動をしてしまうから**です。逆に言えば、この6秒さえしのぐことができれば、余計な言動で損をする場面をなくすことができます。

理性が働くまで6秒かかる

このようなコンセプトで生みだされたのが、5章で紹介するような衝動をコントロールするスキルです。例えば、相手に失礼なことを言われてカチンときてしまったとき。取り返しのつかないことを言ってしまう前にスキルを使います。スキルの種類はさまざまですが、自分が使いやすいものを事前に用意しておきます。すると、衝動にふりまわされるのを防げるので、6秒後に理性で判断した冷静な行動をとることができます。**衝動のコントロールスキルは比較的すぐに身につけられ、繰り返すうちに自分の衝動を客観的に認識できるようになってくるので、後悔するような行動をとることが格段に減ります。**

スキルで6秒をしのぐ

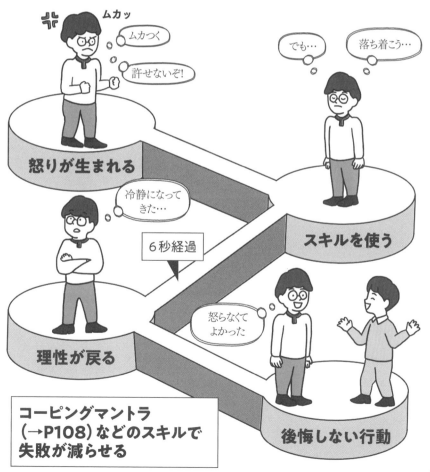

怒りにまかせた行動への対処法を身につける

06

衝動にふりまわされた行動を減らすためには、衝動をコントロールし、ふるまい方を変えていく必要があります。

なりたい自分をイメージした結果（p60）、怒りのままに行動して損しないようになりたいと考える方もいるでしょう。「怒って約束をキャンセルしてしまう」「イライラをぶつけてしまい、パートナーとケンカになってしまう」などの行動が多いと、長い目で見たらとても大きな損失です。**そのような事態をなくすためには5章で紹介するような「衝動のコントロール方法」を身につけるのがいいでしょう**。怒りの失敗は、ほとんど怒りの衝動のまま動いてしまうことから来ています。

問題は怒りにふりまわされること

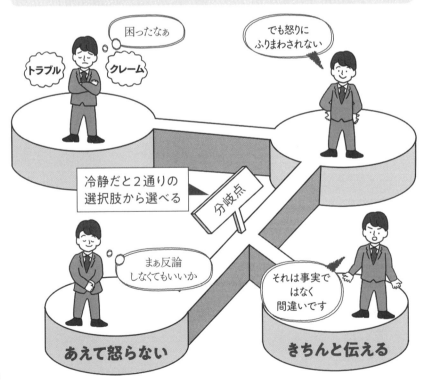

例えば、製品トラブルについてのクレームがあった場合。相手が「お前のところはどうなってるんだ！」とすごい剣幕で話してきても、**怒りの衝動にふりまわされずに冷静でさえいれば、受け流すところは受け流しつつ、事実でない部分は指摘できます**。逆に相手の失礼な話し方に怒ってしまい、怒りの衝動に飲まれてしまうと、売り言葉に買い言葉で言い争いになってしまいます。このように怒りで損する行動を減らすことを、アンガーマネジメントでは「**行動の修正**」と言います。衝動をコントロールし、コミュニケーションなどのふるまい方を変えれば、普段の生活がどんどん実りあるものになっていきます。

ふるまいを変えるふたつの方法

07 ムダに怒らないような自分をつくる

怒りによる問題を解決するには、自分の価値観を見直してムダな怒りを減らす方法があります。

なりたい自分を考えたときに、「怒りにふりまわされないようにもなりたいが、そもそもムダに怒らないようになりたい」という方もいます。怒りは生まれつき備わった自然な感情ですが、**ほかの人が気にしないようなことでイライラしてしまい、自分も他人も損をするようであれば対策を講じたほうがいいでしょう**。例えば、上司からのアドバイスが自分を否定しているように聞こえてしまい、いつもイライラしてしまうAさん。実は「注意してくる人は自分のことが嫌いだ（自分の

前提となる"自分の価値観"を見直す

なんでそんなこと言うんだ

注意してくる人はオレを嫌いなんだ

そんなに怒らなくても…

アドバイスなのに…

自分の価値観

価値観を見直すと…

そういう考えもあるんですね

よかった…

認識のエラーに気がつき他人とうまくやれるようになる

ことが好きな人は注意するべきではない）」というコアビリーフがあったため、善意からのアドバイスにも怒りを感じてしまったのです。この**認識の歪み**を「注意は悪意から言われるものではない」「いろんな意見があって当然」と改善することによって、Aさんはアドバイスされても怒りを感じないようになりました。

このように、**自分の価値観を見直すとムダに怒りにくい自分をつくることができます。** これは6章で紹介するような、普段から怒りを記録して分析し、自分の価値観に気づいていくやり方です。衝動のコントロールとくらべて時間はかかりますが、根本的な解決につながる方法です。

怒りを分析し怒りにくい自分をつくる

08 自分に合った対応策を選ぶ

怒りで失敗しないようにする手法はさまざまですが、理想の自分を明確にイメージするのが成功の秘訣です。

自分の価値観を見直し、ムダに怒らないような自分をつくる方法は「認識の修正」と呼びます。長期にわたって継続的に取り組むことで、自分の許容範囲を広くしていきます。自分の内面をふりかえりながら価値観を変えていくことは、信念を変えていくことに近いだけに、長くつらい道のりです。**即効性のある「衝動のコントロール（p66〜69）」を対症療法だとすると、「認識の修正」はより根本的な体質改善だと言えます。**もちろん、どちらからはじめないといけないとい

なりたい自分からルートを選ぶ

う決まりはありません。個々のケースに合わせて、無理をしないようにふたつを組み合わせていくのが一般的です。初めてアンガーマネジメントに取り組む場合は、「衝動のコントロール」からはじめると成果が出やすいと言われています。大切なのは、「怒ってばかりいた自分」に着目するのではなく、「**なりたい自分の姿**」を具体的にイメージすること。なりたい理想と今の自分をくらべて、何が足りないのかがわかれば、どんな対策が必要なのかはおのずと見えてきます。また、**その理想が実現したらどんなにすばらしいか、自分自身がそれを信じられれば、アンガーマネジメントを通じて必ず自分を変えられるようになります。**

過去の
怒りに
要注意

変えられない過去にぐずぐずとこだわってしまうと、いつまでも怒りを味方にすることができません。とっくの昔にすぎたことにこだわってしまうのは、記憶力がいいとも言えますが、ストレスの発散が苦手な証拠でもあるのです。

「完璧主義でプライドが高い」「つくり込むのが好きで自分の世界に没頭しやすい」「細かいところまでよく気がつく」といったタイプの人は、過去の怒りにとらわれやすい傾向があります。一見穏やかに見えますが、実は普段から怒り

左手で捨てるのも大変だな

をガマンしており、それが限界にくるとすぎたできごとにたいする怒りが爆発してしまうのです。

そういったタイプの人は、「自分は余計なことを考えやすいのだ」と認識するようにしましょう。怒っているときは過去のことや、仕返しをする未来のことで頭がいっぱいになってしまうかもしれません。しかし、前向きな心を持つには、今この場所で起きていることを意識するのが大切です。過去や他人は変えられないので、過去にとらわれると結局は自分が苦しむことになってしまいます。

余計なことを考えないようにするには、マインドフルネス（P122）などが有効ですが、生活の仕方を少し変えて意識をそちらに向かわせる方法もあります。例えば、一日15分ほど利き手と逆の手で生活してみましょう。慣れないことをすると、「今ここ」に集中する習慣がつきます。

パワハラ法案と
怒りの
コントロール

2020年の6月1日から、いわゆるパワハラ防止法が施行されました。これにより企業はパラーハラスメント対策を講じることが義務となりました。中小企業は2022年4月1日から義務化されますが、それまでの間も努力義務があります。

大手企業を中心にパワハラをなくそうという動きが加速していますが、「知識としてパワハラが何かはわかったけれど、どうやったら解消できるかがわからない」という声が

怒るなと言われても
どうすれば…

あなたが穏やかだと
私もうれしい

多く聞かれています。そもそも感情がコントロールできずに
怒りをぶつけてしまったり、「これが正しい」と教わってやっ
てきたことがパワハラ認定されてしまうからです。

そこで、パワハラ対策として注目を集めているのがアンガー
マネジメントです。アンガーマネジメントで怒りの扱い方を
学ぶと、怒りにまかせた言動をとらなくなります。また、価
値観を見直すことで自分の経験を絶対の正義のようにふり
かざすことがなくなります。

厚生労働省は職場のそのなかでもパワーハラスメントにつ
いて、6つの類型を明示しています。そのうちの
●精神的な攻撃─相手を傷つけるような言動で指導したり、
　　　　　　　　やり込めたりすること
は、とくにアンガーマネジメントで改善が期待されます。
法的に規制されてきた今だからこそ、怒りをコントロールし、
自分の価値観を定期的に見直すことが必要とされてきてい
るのです。

Chapter

04

ANGER
MANAGEMENT
mirudake note

感情をうまく伝えると
人間関係がうまくいく

上手に気持ちを
伝えれば
相手が変わります

怒りの気持ちが生まれたときは、上手に本当の気持ちが伝えられるか
どうかが重要です。それができれば怒りを味方につけて人間関係を豊
かなものにすることができます。コツは自分と相手の両方を尊重してコ
ミュニケーションをとることです。

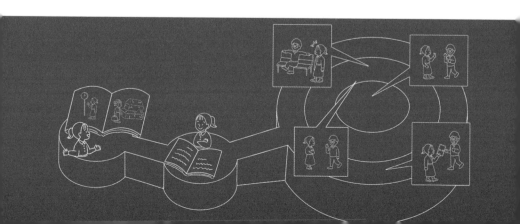

01 怒りをうまく伝えれば 状況が好転する

自分の気持ちをうまく伝えるには、相手の立場を尊重しつつ、臆さずに主張をすることが求められます。

怒りは、「こうあるべき」というコアビリーフが破られたときに生まれます（p42）。そのコアビリーフが歪んでいて、生きづらさの原因になっているのであれば改善が必要ですが、そうでなければ自分の価値観を主張するのも大切です。当然のことですが、**どんなに怒りを感じていても態度に出さなければ相手には伝わりません。**「怒りっぽい人だと思われたくない」という気持ちから、失礼な態度をとられても指摘しないでいると、相手は行動をあらためないばかりか、より横柄

態度に出さないと伝わらない

な態度をとるようになっていきます。最初に「そんな言い方はやめてください。悲しい気持ちになります」と指摘できれば、嫌だという気持ちが相手に伝わります。また、黙っていたら伝わらないという一方で、怒りにまかせて怒鳴ったりしてしまうと「怒りっぽい人だ」という印象が伝わってしまいます。「何考えてるの！ 神経をうたがいます」と怒鳴り声で相手をおとしめるようなことを言うと、**怒りと敵対心ばかりが伝わり「嫌なことを言われたくない」という自分の気持ちが伝わりにくくなってしまいます。相手の立場を尊重**しつつ、自分の気持ちを主張できることを目指しましょう。

相手を尊重しながら伝えられる

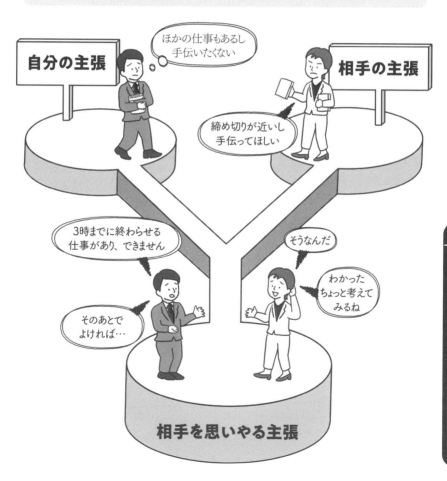

自分の主張

ほかの仕事もあるし手伝いたくない

相手の主張

締め切りが近いし手伝ってほしい

3時までに終わらせる仕事があり、できません

そのあとでよければ…

そうなんだ

わかったちょっと考えてみるね

相手を思いやる主張

02 怒りはぶつけても ため込んでもダメになる

気持ちが伝えられない人にはふたつのタイプがあり、どちらも
相手を尊重しつつ主張することを苦手としています。

気持ちをうまく伝えられない人は、ふたつのタイプに分けられます。**ひとつは相手を押さえ込んで自分の主張を押し通そうとする攻撃タイプ（攻撃的）。**「何回言ってもダメだな」と一方的に決めつけたり、「つべこべ言わずにやれよ」と威圧的な物言いをしたりします。また、「今日までにやるって言ったよね？　なんでやってないの?」と理詰めで追い込んだりすることもあります。主張が通らないとやつあたりしたりします。ふたつ目は、自分を抑えて相手を立てる受け身タイプ

攻撃タイプと受け身タイプがいる

攻撃タイプ
攻撃度高

相手を押さえて自分の主張を通そうとする、威圧的で感情的なタイプ

受け身タイプ
攻撃度低

自分を抑えて相手を立ててしまう、ガマンしがちなタイプ

ログセ①
一方的

何回言っても
ダメだな

ログセ①言い損なう

どうせわかってもらえない

ログセ②
威圧的

つべこべ言わず
やれよ

ログセ②言い訳

私だけが思っている
わけではないんだけど

ログセ③
理詰め

今日までにやるって言った
よね？　なんでやってないの？

ログセ③
言い切らない

私も大変なんだけど…

（非主張的）。「どうせわかってくれない」とひとりで抱え込んだり、「私だけが思っているわけではないんだけど……」と言い訳がましく伝えようとしたりします。波風を立てることを恐れ、「私も大変だから、この仕事をやってほしい」というように意見を言い切らないのが特徴です。ただし、ガマンの限界が訪れると、爆発してしまうこともあります。また、主張しないために相手の攻撃性を強めてしまう傾向があります。**受け身タイプが自分に自信がないのはもちろん、実は攻撃タイプも自己受容度が低く、自信がないために相手を攻撃してしまいます**。最終的にどちらをも損をしてしまうというところも共通しています。

ふたつのタイプの共通点

①自信がない（自己受容度が低い）

②最終的に損をする

03 怒りの境界線を ていねいに伝える

自分が許せないことにたいしては、工夫して伝えるようにすると相手と良好な関係を築けるようになります。

気持ちを伝えるのが上手な人は、怒りをぶつけたりため込んだりせずに怒りの境界線を上手に伝えます。怒りの境界線とは、自分のコアビリーフとは違うが許せる限界のラインのこと（p46）。**自分のコアビリーフであるOKゾーンの通りに相手が動かなくても、怒りをぶつけたりストレスをためたりしません。一方で、自分が本当に許せないNGゾーンの行動をとられたときには、自分の意志を主張します。**されたら嫌なことはしてほしくないと伝え続けることによって、相手と良好な関

伝え上手は境界線をていねいに伝える

係を築くことができます。攻撃タイプの人とは違い、自分の要求を相手に押しつけない一方で、受け身タイプと異なり、本当にされたら嫌なことにたいしては、はっきりと主張するのです。また、主張するときは会話の**主語を自分に**するといいでしょう。**相手を主語にしてしまうと、「君が遅刻するから悪いんだ」「なんであなたは手伝わないの？」と、つい相手を否定してしまいます**。「君が遅刻すると、予定が狂うので（私が）困ります」「家事を分担してくれないと、私がキャパオーバーになってしまう」と主語を自分にして話すと、相手に反発されずに自分の境界線を伝えることができます。

会話の主語を自分にする

× 君が遅刻するからダメなんだ
主語が「相手」

○ 君が遅刻すると私は予定が狂うので嫌です
主語が「自分」

× なんであなたは手伝わないの！
主語が「相手」

○ 家事分担してくれないと私が大変
主語が「自分」

04 怒りの境界線をなるべく広げて明確にする

怒りの境界線は伝えるだけでなく、過度に厳しく、あいまいなものになっていないかを確かめるようにしましょう。

怒りの境界線を伝える努力も大切ですが、それと同じくらい境界線を広げるのも重要なことです。というのも自分の「〜すべき」という範囲しか許容できずにいると、イライラがたまりやすくなるからです。自分とまったく同じコアビリーフを持つ人はほとんどおらず、誰しもが異なる価値観を持っています。大事なのは、**他人の「べき」を受け入れる**度量を持つこと。**育った環境や見てきたものが違えば、価値観が異なるのは当然です。それを踏まえて、自分の許容ゾーンが**

境界を広げるとイライラが減る

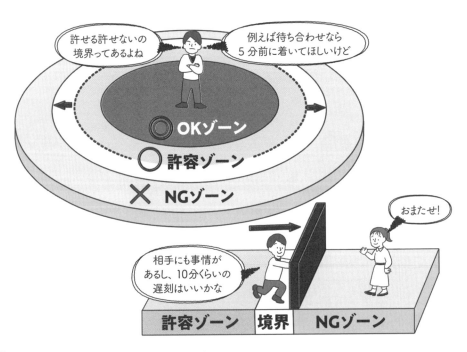

過度に狭くなりすぎていないかを一度ふりかえってみるといいでしょう。例えば、「待ち合わせ場所には 5 分前に着くべき」という心がけは立派なことですが、他人にそれを求めるとストレスがたまりやすくなりますし、相手も「それはあなたの価値観でしょ」と反発してしまいます。**「時間通りに来ればいい」「事情があるかもしれないし、10 分ぐらいだったら許そう」と許容ゾーンを広げていけるとストレスも減りますし、いざ怒りを伝えるときに相手に伝わりやすくなります**。また、境界線をそのときの機嫌や相手によってコロコロ変えないようにすると、相手に境界線が伝わりやすくなり、よい関係が築けるようになります。

境界線がブレると相手が戸惑う

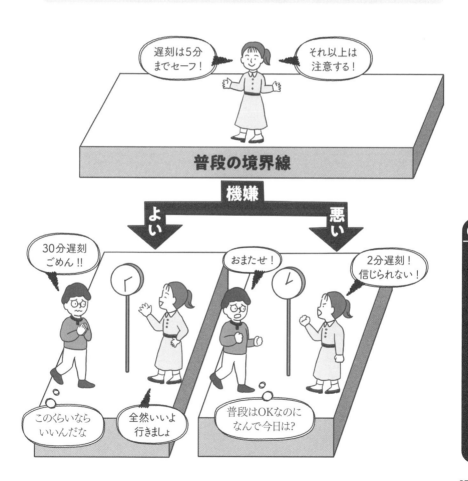

05 怒りの裏にある感情に気づくとラクになる

衝動にふりまわされた行動を減らすためには、衝動をコントロールし、ふるまい方を変えていく必要があります。

されたくない行動をとられて嫌な気持ちになったのを相手に伝えるときに、怒りをそのまま伝えるよりも「怒りの裏にある感情」を伝えたほうが、相手に**自分の本当の気持ち**がわかってもらえます。というのも、**「こうあってほしい」という期待や理想が破られたときに生まれる感情が、怒りを生みだす**からです。例えば家族の誰かが部屋を散らかして片づけをしないとき、「なんで片づけしないの！」という怒りの感情の裏には、「家事分担の約束が守られなくて悲しい」という気

怒りの裏には別の感情がある

持ちが隠れていたりします。仕事の努力を「たいしたことない」と言われて、「なんでそんなこと言うんですか！」と怒ったときには、「今までの努力が報われなくて悔しい」という気持ちがあったりします。実は、怒っている人がわかってほしいのは、怒りの強さではなくて裏に隠れた本当の気持ちなのです。そして、**ただ怒りを伝えるよりも素直に本当の感情を伝えたほうが相手に伝わります**。怒りをぶつけると反発されますが、感情を伝えると相手に納得してもらいやすくなり、問題解決への道筋が見つけやすくなるのです。怒りが生まれたときは、本来のわかってほしい気持ちに目を向けるようにしましょう。

感情を素直に伝えると相手は納得する

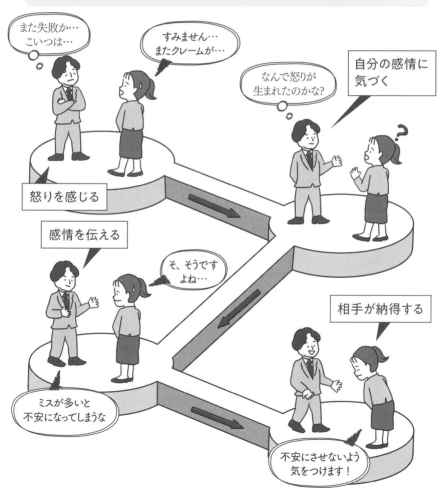

04
感情をうまく伝えると人間関係がうまくいく

06 リクエストを伝えると後悔がなくなる

自分の気持ちを伝えるとき、「〜べき」という価値観ではなく、「こうしてほしかった」という願望を伝えましょう。

怒りを感じたときに、本当の気持ちを伝えるのに加えて、「こうしてほしかった(ほしい)」というリクエストを伝えるのがおすすめです。例えば、思っていたよりも仕事で評価をされずに怒りが生まれたとき。「努力が評価されないなんておかしいです」と自分の価値観を伝えてしまうと、上司から「俺の判断が間違っていると言うのか!」と反発されてしまいます。それよりも「半年間売上を伸ばし続けたので、そこを評価してほしかった」「思ったよりも評価が低くて困惑して

リクエスト＋感情を伝える

います」と**リクエストと率直な気持ちを伝えると、相手を不快にすることなく本音を伝えられます**。また、怒っている相手の話を聞くときも、リクエストと感情に着目するといいでしょう。例えば、自分の部下から「評価が低すぎて納得できません」と伝えられたとき。「まあまあ落ち着いて」となだめるのも、「もっと売上を増やせばいいよ」とアドバイスするのも、部下の本当に聞いてほしい気持ちに寄り添えていません。**部下の怒りのもととなった感情を推測し、「悔しい気持ちはわかる」と共感できると相手は安心します**。そのうえで相手のリクエストを確認しながら、できるだけその実現に協力できると信頼をつかむことができます。

聞く側に求められるのは共感力

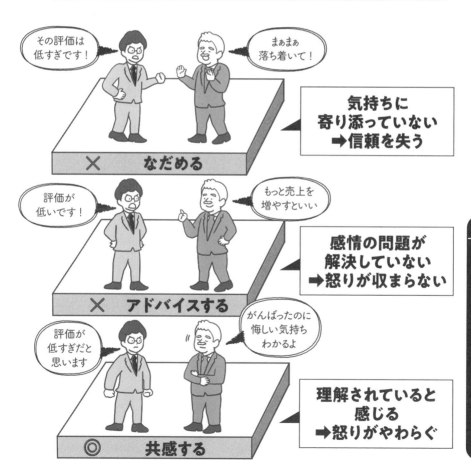

その評価は低すぎです！

まあまあ落ち着いて！

気持ちに寄り添っていない ➡ 信頼を失う

× なだめる

評価が低いです！

もっと売上を増やすといい

感情の問題が解決していない ➡ 怒りが収まらない

× アドバイスする

評価が低すぎだと思います

がんばったのに悔しい気持ちわかるよ

理解されていると感じる ➡ 怒りがやわらぐ

◎ 共感する

07 自分の感情を コントロールして話す

相手の怒りを呼び起こしてしまうような話し方の例を知り、いざというときに失敗しないようにしましょう。

怒りを感じて相手に何か言おうとするとき、話し方と同じくらい、冷静でいることが重要です。ここでは**やってしまいがちな失敗例**を紹介します。これらの言葉が出そうになったときは、一旦冷静になるように意識しましょう。とくに人間関係を壊しやすいのが、一方的に自分の意見を主張する話し方。**頭に血がのぼると、「あなたはいつもそう」「お前は絶対にこうする」と言ってしまいがちですが、実際は100%その通りになるわけではありません。**相手としては「いつもではな

理解してもらうには冷静さが必要

いのに！」と反発してしまい、こちらが本当にわかってほしい気持ちが通じなくなってしまいます。「いつも」「絶対」「必ず」という言葉は、言い争いの原因になるので避けるようにしましょう。同様に、「普通はこうする」「あなたはそういう人だよね」と、自分の価値観を押しつけるのもNGです。また、怒りを感じたときはその場で伝えるのが肝心。**過去の話を持ちだすのは、「それを言うならお前も」「それは事情があって」と話がこじれるのでやめるべき**です。また、話し方だけではなく態度にも注意しましょう。物にあたったり、イライラしたふるまいをしたりすると、相手の怒りを誘発してしまいます。

08

相手が受け入れられる 話し方をする

相手を尊重する話し方ができるようになると、シビアな場面でも自分の思いが相手に伝わりやすくなります。

お互いの主張や立場を大切にした話し方のことを、**アサーティブコミュニケーション**と言います。**自分の気持ちを率直に、相手に合わせて話す「怒りの伝え方の理想形」で、自分だけでなく相手にもそうしてもらうことで、対等な立場での対話を心がけます。**攻撃タイプや受け身タイプ（p82）と異なり、自分も相手も責めないようにするのが特徴です。怒りを感じたときは、「そう言われると、正直戸惑うな」と素直な感情を伝えます。また、威圧して相手を押さえ込もうとしたりせずに

伝え上手なアサーティブタイプとは

相手の意見は積極的に受け止めます。そのうえで「あなたはそう考えているんだ。私はこう考えているんだけど、どう？」と、お互いの意見を交換するのです。お互いの意見が平行線の場合は、自分の考えに固執せずに、「これだったらできるけど、検討してもらえる？」と歩み寄る姿勢を示すこともできます。アサーティブコミュニケーションを目指すうえで大切なのは、相手を尊重することです。**性格・能力・人格といった相手そのものを否定するのではなく事実・行動・結果について話すなど、お互いにとって気持ちのいいコミュニケーションを心がけることで、相手を尊重する習慣が身につきます。**

怒る内容に注意する

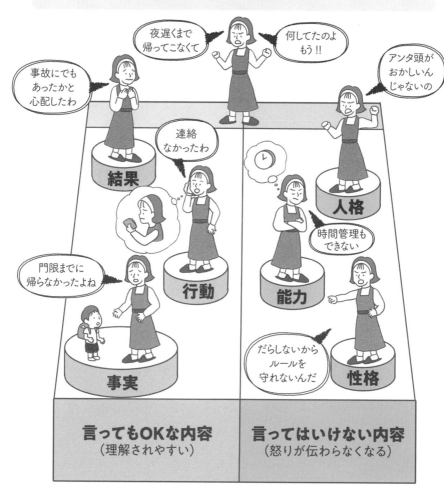

04

感情をうまく伝えると人間関係がうまくいく

95

09

「上手に伝えられた」を ゴールにする

結果ではなく、過程に着目すれば、おのずと上手な気持ちの伝え方が身についていきます。

いくら気持ちを上手に伝えても、結果が思い通りになるとは限りません。どんなにこちらが相手の立場を尊重し、素直な感情や願望を伝えても、相手がいいように受けとらない可能性はあります。そんなとき、**思い通りの結果を目指して、「やっぱりダメだった」と落ち込んでしまうのはもったいない**ことです。アサーティブなコミュニケーションを続けていれば、意見が合致しなくとも、相手に信頼されるようになるからです。大切なのは、**話し合う過程に重きを置く**こと。攻撃

「きちんと伝えられた」を目標にしよう

タイプや受け身タイプ（p82）のデメリットを理解したうえで、「相手と対等に向き合い、必要なことを伝えられる」を目標にするといいでしょう。「このコミュニケーションの方法がベストなんだ」という実感が持てれば、理不尽なクレームに対応することになっても、融通の利かない部下との話し合いでも、アサーティブな話し方ができたかどうかを意識して実践することができます。話し方を修正するのは、一朝一夕にできることではありません。試行錯誤を繰り返し、ときには相手が納得しない場面も経験しながら訓練を重ねていくと、上手な気持ちの伝え方が身についていきます。

アサーティブな伝え方が
できても、いつも相手が
動くとは限りません

言うことはわかりますが納得できませんから！

強情なヤツだ！

目標通りにいかなかった

部下の指導

いつか納得してくれるといい

納得できません

部下の指導

今日も目標を達成できた

GOAL

感情をうまく
伝えられない人の
特徴

アサーティブタイプ（p94）のようには気持ちを上手に伝えられないタイプの人には、以下のような共通点があります。

●言いたいことを言ってしまう

怒りを感じているかどうかにかかわらず、言いたいことを言ってしまうタイプの人がいます。そのような人は相手の気持ちを想像する習慣がなく、いざというときにも言いすぎてしまいます。普段から相手を尊重した言動を意識すると、怒りの境界線を伝えるようなときにも上手に気持ちを伝えられるようになります。

境界線越えすぎだよ…

老若男女すべての人に

好かれたい!

●すべての人に好かれようとする

常にいい人を演じようとすると、相手と本音で話すことができなくなってしまいます。怒りを感じたときに本当の気持ちを伝えそびれるようになるのです。それが続くと、誰とも深い関係が築けなくなってしまいます。人によっては価値観が合わない場合もあると割り切って、自分の気持ちを伝えることを重視するようにしましょう。

●怒りを人のせいにする

うまくいかないことを人のせいにするのはラクなことです。しかしそればかりが続くと、相手への怒りの感情がどんどん大きくなり、相手との関係が継続できなくなってしまいます。とくに職場や家族など、関係を絶てないような相手には極力怒りを向けず、怒りの原因となっているコアビリーフは何なのかを突き止めるようにしましょう。

心理的安全性と
アンガー
マネジメント

近年、職場の生産性を高める施策として心理的安全性を高めることが注目されています。「心理的安全性」とは、グーグル社が4年かけて取り組んだ、労働生産性改善のための調査報告でキーワードとして挙げられた言葉です。「チームのメンバー全員が、安心してその人らしく働けること」を意味し、自由になんでも言い合える雰囲気がある状態を示します。

逆に言えば、自由に発言できない雰囲気の職場は、生産性が低いと言えます。職場にイライラをぶつけるタイプの人

イライラ

こんな職場じゃ
何も言えない

がいたら、「こんなこと言ったらあの人に怒られる」と心理的安全性は保たれません。心理的安全性が高い職場の特徴に「多様性を認める」というものがありますが、イライラしがちな人はコアビリーフに歪みがあり、他人の価値観を受け入れることができないからです。

例えばチーム全員でアンガーマネジメント講習を受けると、心理的安全性は大きく改善します。研修でお互いの価値観を開示することで、価値観のすり合わせや共有ができ、お互いの境界線がわかるようになるからです。その場では、役職やキャリア、知識の有無は一切関係させないようにします。それぞれが個人としてどういう価値観を持っているのかを伝え合うことが大切だからです。

とくに職場の雰囲気を変えて生産性を上げたいのであれば、権限を持っている人が変わることが大切です。「部下から発言が出てこない」という職場は、リーダーが怒りを味方にする方法を身につけるところからはじめるとよいでしょう。

05

Chapter

ANGER
MANAGEMENT
mirudake note

怒りの感情を
コントロールする

本章で解説する「衝動のコントロール」は、即効性のあるスキルです。ついイライラしてしまい損をするようであれば、すぐに実践してみるとよいでしょう。使いこなせるようになると、怒りの感情で失敗する恐怖心がなくなります。

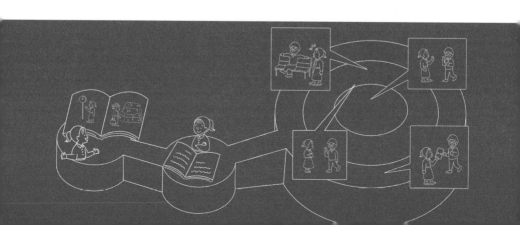

01 突発的な怒りの対処法を ひとつは持っておく

カッとしてしまったときに役立つのが、衝動をコントロールするスキルです。自分に合ったものを見つけましょう。

怒りへの対策は、カッとしにくくする体質改善と、思わずカッときてしまったときの怒りを抑える**対症療法**を同時に行います。**体質改善は根本的な解決につながりますが、すばやく効果が出る対症療法も怒りに悩んでいる人にはとても有効です**。それは、花粉症の治療をイメージするとわかりやすいでしょう。根本的に治すには、生活習慣を整えたり、花粉アレルギーの原因物質に徐々に体を慣らしていったりします。しかし、それには時間がかかるので、多くの患者さん

怒りの対策は花粉症に似ている

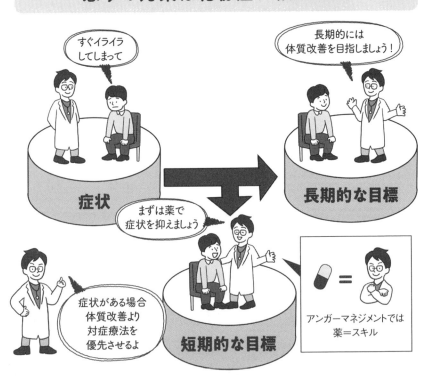

は即効性のある薬を重宝します。怒りへの対策も同じで、短期で効果が出る対症療法が、怒りにふりまわされている人には劇的な変化をもたらします。そして、花粉症の薬に相当するものが、本章で紹介するスキルです。さまざまな種類がありますが、いずれも意識を怒りからそらし、理性が働かない6秒間（p66）に怒りにふりまわされてしまうのを避けるメソッドです。**すべてを覚える必要はありませんので、いろいろ試してみて自分が使いやすいと感じるものを実行するようにしましょう。**ひとつでも自分にピッタリなものを見つければ、怒りが生まれたときにも冷静に気持ちを伝えることができるようになります。

怒りをほかのものへそらすのがポイント

02 怒りを数値化するスケールテクニック

頭のなかで数値化するだけで、不思議とヒートアップするのを抑える効果があります。

スケールテクニックは感じた怒りを数値化するスキルです。その怒りが10点満点で何点だったのかを頭のなかで数値化します。「急にぶつかってきた。ちょっとイラッとしたので3点」「服装をバカにされた。かなりイライラしたので5点」など、**その場で数値化すると、自分の意識は怒りそのものではなく、採点のほうへ向きます**。その間は怒りにまかせた行動はできなくなるので、6秒が経過し理性が働くようになります。右下のイラストが、点数をつける目安になります。まっ

点数で客観視できるようになる

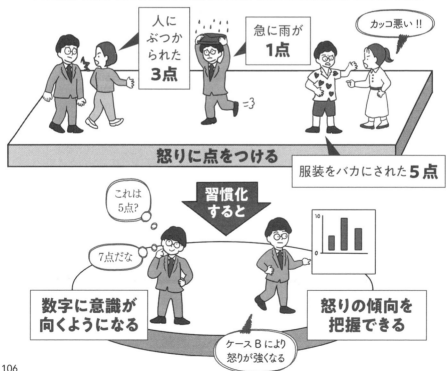

人にぶつかられた **3点**

急に雨が **1点**

カッコ悪い!!

怒りに点をつける

服装をバカにされた **5点**

習慣化すると

これは5点?

7点だな

数字に意識が向くようになる

怒りの傾向を把握できる

ケースBにより怒りが強くなる

たく怒りを感じていない0点から、人生最大級の怒りである10点までの間で、今感じている怒りがどのくらいなのか採点しましょう。このスキルは**突発的な怒りをしのぐのに加えて、自分の怒りの傾向もわかります**。同じできごとを経験しても何点をつけるかは人それぞれです。「自分は急なトラブルにたいして、**高得点をつける傾向**がある」「Bさんがらみのできごとで、怒りの点数が高くなる」など、点数のつけ方で自分の価値観が理解できるようになります。3か月程度続ければおよその傾向がつかめてくるので、体質改善（6章）にも役立ちます。

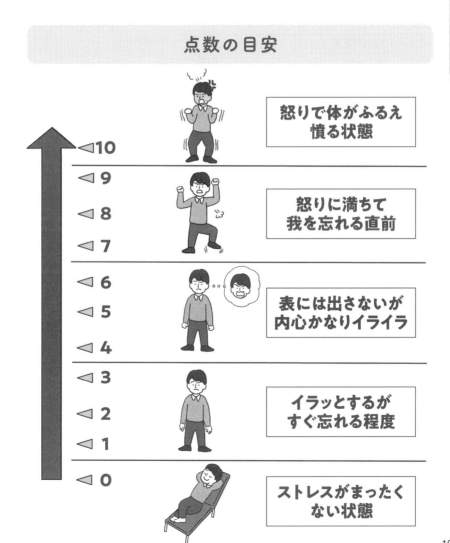

点数の目安

- ◁10 怒りで体がふるえ 憤る状態
- ◁9
- ◁8 怒りに満ちて 我を忘れる直前
- ◁7
- ◁6 表には出さないが 内心かなりイライラ
- ◁5
- ◁4
- ◁3 イラッとするが すぐ忘れる程度
- ◁2
- ◁1
- ◁0 ストレスがまったく ない状態

03 言葉で自分を助ける コーピングマントラ

怒りに飲まれてしまいそうになったときに、言葉の力で心に安定をもたらすスキルです。

イライラしたときには、心のなかは動揺してしまって、冷静な判断ができなくなります。その**動揺を言葉で落ち着けるのが、コーピングマントラ。切り抜ける（コーピング）ための言葉（マントラ）という意味です**。マントラ自体は、自分が落ち着けるものであれば、なんでもOKです。例えば、「大丈夫、大丈夫」がマントラだとします。上司から聞いていた予定が間違っていて、急遽締め切りが短くなったとき、突然の予定が変更に動揺してしまいそうですが、「大丈夫、大丈夫」

"お決まりのフレーズ"で心を落ち着かせる

108

と心のなかでマントラを唱えます。すこしでも心が落ち着けば6秒をしのぐことができ、「急いでやれば間に合うな」と理性で考えられるようになります。コーピングマントラは、言葉選びが重要です。**「なんとかなる！」などはげまされるようなものが一般的ですが、ストレスを緩和できるようなものを選ぶ方法もあります。愛犬の名前や好きな食べ物**の名前を唱えると、心が落ち着く人もいるでしょう。「テクマクマヤコン」という昔のアニメのフレーズが、頭が空っぽになって落ち着くという人もいます。いざというときに自分を助けてくれるフレーズを探してみましょう。

フレーズは自分が一番落ち着くものを

04 カウントバックで乱れた心を落ち着かせる

数字を数えることで頭を使い、怒りに意識が向かないようにする方法です。数え方で工夫ができます。

とにかく理性が働かない6秒をしのぐというコンセプトで考案されたのがカウントバックです。怒りが生まれたときに数字を逆算して数えて、6秒間をやり過ごします。なぜ逆算なのかというと、普通に「1、2、3、4……」と数えると、簡単すぎて怒りながらでも数えられてしまうから。**無意識に数えられないように「100、97、94、91……」と100から3ずつ引いた数を数えるのが一般的です。**ひとつの数字が1秒でなくても構いませんので、意識が怒りに向かないように

強制的に頭を使う

ムカ〜

ごめん
行けなくなった

100から
3ずつ引いた

数字を数えます

100, 97, 94, 91,

こんなときは →

習慣化
すると →

サッ

怒り

怒りを
やり過ごせる

怒り

怒りにふりまわされ
なくなる

集中して、6秒間は頭のなかで数字を唱え続けるようにしましょう。数を数えるシンプルなものですが、その分習慣化しやすい方法です。身につけてしまえば怒りをやり過ごすハードルが下がり、怒りにふりまわされにくくなります。ただし、習慣化も必要ですが、長い間同じ数字を使い続けるのは注意が必要です。**1～6まで数えるのと同じように無意識に数えられるようになってしまうと効果が半減してしまします。**「今月は7月だから、100から7ずつ引いてみよう」など、定期的にルールを変えると**適度に頭が使われる**ため、怒りに意識が向きにくくなります。

6秒やり過ごすためのルールをつくる

05 ストップシンキングで思考を強制的に止める

単色の具体的なものを思い浮かべると、思考を強制的に切り替えることができます。

怒りが生まれたときには、どんどん怒りの対象についての情報が頭のなかを駆けめぐってしまいます。どうにかして意識をそらすか思考を停止するかしないと、ますます怒りはエスカレートしてしまい、コントロールが難しくなります。そこで、**イメージの力**で強制的に思考を止めるのが、ストップシンキングというスキルです。おすすめなのが、頭のなかで真っ白な布や紙をイメージする方法。**嫌なことを言われたときに「よし、思考を止めよう」と思っても難しいものです**

イメージで頭を真っ白にする

が、布や紙をイメージすると文字通り頭のなかを真っ白にできます。思考が停止で
きさえすれば、イメージは自由です。黒い幕や一面の砂漠を想像する人もいま
す。単色の具体的なもので頭をいっぱいにすると、目の前のできごとへ意識が
向かなくなります。**イメージの力を借りるという意味では、イライラを紙のようにく
しゃくしゃにして、ゴミ箱に投げ捨てる想像をする方法もあります。**また、実物を活
用するやり方もあります。パソコンの画面の背面に白い紙を貼りつけておくと、
嫌なメールが届くなど怒りが生まれたときに、画面を白い紙で覆って強制的に
思考を止めることができます。

イメージを鍛えて切り替えやすく

おすすめ＝単色の具体的なもの

白い紙　　　　　　　　黒い幕　　　　　　　　一面の砂漠

変わり種＝ゴミ箱

ゴミ箱に
目がけて

怒り

ポイッと

嫌なメールが来たとき
白い紙で隠せるように
しておくのもおすすめ

グラウンディングで意識を上手にそらす

06

過去や現在ではなく、目の前のできごとに集中できるようになると、怒りにふりまわされなくなります。

怒りで頭がいっぱいなとき、思考に集中してしまい、体の感覚や身のまわりのできごとには意識が行きません。そこであえて、**怒りとは関係のない身近な物体に意識を集中させて、怒りをコントロールするスキルをグラウンディングと言います。宙に浮いてしまった思考**を、地面（グラウンド）に着地させるイメージです。例えば、職場で怒りが生まれてきたとき、手元にあるペンに意識を集中させるといいでしょう。それもただ「ペンがある」と認識するのではなく、色・形・メー

意識を身近なものに集中させる

こいつのせいで失敗した

ペンに意識を集中して怒りを抑えよう

怒りの対象

色は何色？
形は？
メーカーは？
素材は何？
重さは？

目の前のものならなんでもOK!

カー・重さなど、細部にこだわって感じることが大切です。もちろんカップや時計、外の景色など、意識を向ける対象はなんでも構いません。「それ以外にも「今日の部屋の香りはラベンダーだ」「今日は昨日より、涼しくて過ごしやすいな」といった、自分の五感を観察しても構いません。人は怒りを感じると、怒りの発端となった過去のできごとや、面倒な相手に対応する未来を想像したりして、さらに怒りをふくらませてしまいます。**グラウンディングによって「今ここにある自分」を強く意識できるようになると、「今はそんなことに気をとられている場合じゃないな」とリセットできます。**

過去・未来ではなく "今" に集中する

115

07 客観性を手に入れる実況中継メソッド

自分の仕草を細かく描写すると、怒りを感じている自分を客観的にとらえられて、気持ちを落ち着かせることができます。

グラウンディング（p114）と同じく、意識を「今、ここ」に集中させて怒りをコントロールする方法が、実況中継メソッドです。**自分の置かれている状況や動作をアナウンサーのように実況することで、怒りの対象ではなく、今現在の自分に意識を向けることができます。**例えば、野球選手が空振り三振をしてしまい、挽回するために気持ちを切り替えないといけないのに、自分にたいする怒りで頭がいっぱいになってしまったとします。そんなとき、バッターボックスから

自分の行動に着目して切り替える

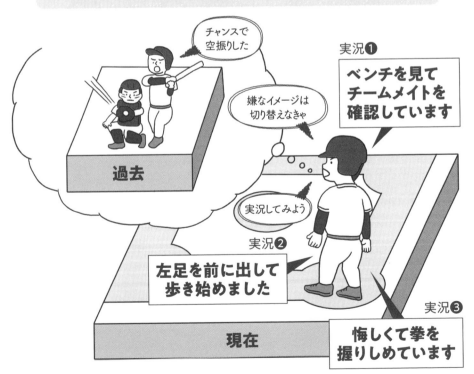

ベンチに戻る自分を実況中継するのです。「悔しそうなA選手。左足を一歩前に踏みだし、歩きだしました」「ベンチを見てチームメイトの様子を確認しています」「悔しくて、拳を固く握りしめています」と**客観的な目線**での実況に集中することで、怒りのピークをやり過ごせます。このスキルは話しかけられているときでも取り組みやすいのが特徴です。人の話を聞きながらカウントバック（p110）をするのは難易度が高いですが、**実況中継メソッドであれば、「耳をすまして話を聞いています」といった具合に、自分の動作を確認しながら気持ちを落ち着けることができます。**

話しかけられているときに取り組みやすい

08 怒りを表現する語彙を増やす

自分の心のなかを細かく表現できるようになると、怒りを客観視できるようになり、冷静になれます。

自分の仕草を実況中継することで、怒りから意識をそらす方法をp116で紹介しました。それと同様に、仕草ではなく自分の**心のなかを実況中継**するのもおすすめです。というのも、怒りにふりまわされやすい人は怒りに関する語彙が少ない傾向があります（p64）。スケールテクニックで10段階に分けたように（p106）、**本来怒りは程度に幅がある感情なのに、それを表現する語彙が少ないと、自分の状態を正確に認識できなくなります。**漠然と「自分は怒っている」と認識

怒りの大きさには幅がある

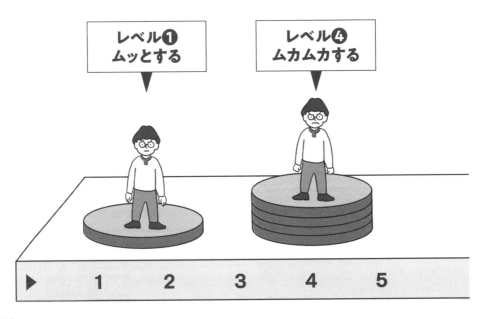

レベル**❶** ムッとする

レベル**❹** ムカムカする

1 2 3 4 5

するよりも、「今、自分ははらわたが煮えくり返っているんだ」「ムッとしたけど、根に持つほどじゃない」など、細かく認識できるほうが気持ちを落ち着かせることができます。怒りを表現する語彙は、ムッとする・ムカムカする・頭にくる・腹が立つ・怒り心頭・憤慨するなど、さまざまです。スケールテクニックと併用して、「取引先の急なキャンセル。事情があるのは理解できるものの、ドタキャンだったのでムッときた。頭にくるほどではないので3点。腹立たしいという感覚が一番近いかも」など、**怒りの数値化と心のなかの実況中継をすると、怒りの感情を客観視できるようになります。**

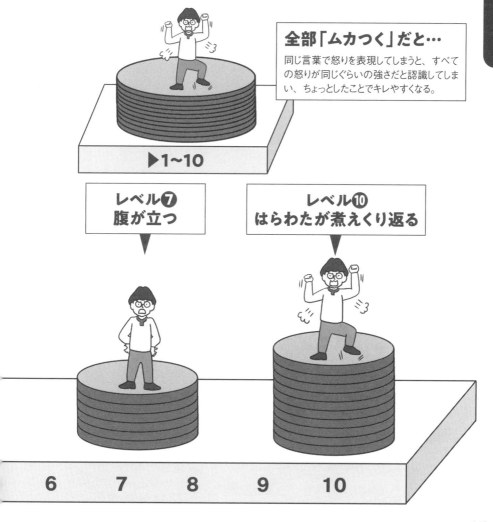

全部「ムカつく」だと…

同じ言葉で怒りを表現してしまうと、すべての怒りが同じぐらいの強さだと認識してしまい、ちょっとしたことでキレやすくなる。

▶1〜10

レベル❼
腹が立つ

レベル❿
はらわたが煮えくり返る

6　7　8　9　10

09 深呼吸で乱れた 自律神経を整える

呼吸の力を利用して、気持ちを落ち着ける方法もあります。感情と呼吸の結びつきを感じ取りましょう。

怒りが生まれたときに頭で「落ち着こう」と考えても、なかなかできないものです。そこで、頭で考えるのではなく、呼吸からアプローチする方法も有効です。呼吸と感情は深く結びついています。**怒りを感じたときは、呼吸は浅く、速くなります**。逆に安定しているときは深く長い呼吸になります。これは怒りを感じているときに自律神経の交感神経が、落ち着いているときは**副交感神経**が優位になるためです。なので呼吸を深く、長いものにすることで、副交感神経を優

深呼吸で気持ちがリラックスする

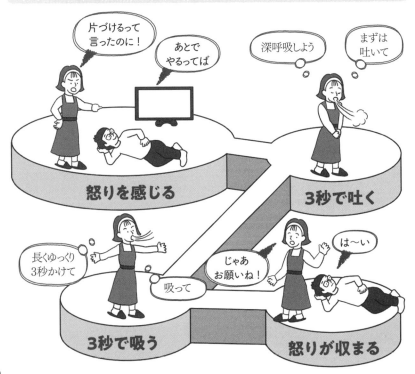

位にさせ、意識的に感情を落ち着かせることも可能なのです。深呼吸のやり方は、吐いて吸うのを1分間に10回ほど繰り返すようにします。3秒かけて吐いて、3秒かけて吸うのを繰り返すといいでしょう。**吸うよりも吐くほうにより意識を集中させると、気持ちが落ち着きやすいと言われています**。本章では、さまざまな方法を紹介してきましたが、これら以外にもやり方はたくさんあります。6秒間好きな歌のサビを思い浮かべたり、一旦その場を離れるのもいいでしょう。イラッとしたときに、ひたすら自分をはげますという方法をとる人もいます。自分に合った方法を見つけて、習慣化することを目指していきましょう。

6秒しのげる方法を見つけよう

マインドフルネスで心を整える

ストレスがたまっていると怒りにふりまわされやすくなります。逆に普段からストレスを軽減することができれば、ささいなことで怒りにくくなるのです。

ストレスを軽減する代表的な方法に、マインドフルネスがあります。マサチューセッツ大学医学大学院のジョン・カバット・ジン教授が提唱した「マインドフルネスストレス低減法（MBSR）」の理論がベースとなったストレス軽減法で、グーグル社が社員研修に取り入れたことで話題にもなりました。

呼吸に集中!

マインドフルネスは、「今この瞬間」に集中することを目標としています。考えすぎたり、過去のことに思いをめぐらせるのをやめ、「今」に集中することでストレスが軽減し、集中力・記憶力・創造性・共感性が高まるといった効果が認められています。

マインドフルネスの実践にはさまざまな方法がありますが、下記が代表的な方法になります。

1. 背筋を伸ばしてリラックスして椅子に座る
2. 自分の自然な呼吸に意識を集中する
3. 雑念が浮かんだときはそれを追い払おうとせずに、その雑念をただ意識する
4. 徐々に呼吸に意識を戻していく
5. ②〜④を繰り返す

怒りを感じたときは、頭のなかは怒りの原因となった過去のできごとか、仕返しをする未来のことでいっぱいになってしまいます。マインドフルネスを身につけて、ストレスをためにくい習慣を意識しましょう。

アンガーマネジメントの体験談

ビジネスではストレスフルな環境で自分の意見を発信し、同僚や取引先と協力関係を築いていく必要があります。それが問題なくできればいいのですが、トラブルがあったときに感情的になってしまったり、言うべきときに自分の意見を伝えられないと、会社からの評価は下がってしまいます。また、苦手意識を抱えながら無理に業務に取り組んで、メンタルヘルス不調に陥ってしまう人もいます。

怒りやストレスにふりまわされずに自分の力を発揮し、上手に言いたいことを伝えるコミュニケーション力を身につけ

怒るだけでは解決しないと 気がつきました！

るには、アンガーマネジメントは有効な手段です。数多くのビジネスパーソンがアンガーマネジメントを実践し、自分の壁を乗り越えることができました。なかにはその後、評価を上げて大幅に昇進していった人もいます。

例えば、怒りにふりまわされてしまい普段のパフォーマンスにムラがあったAさんは、アンガーマネジメントによって常に心穏やかに仕事に取り組めるようになりました。「怒りが自然な感情なのだと実感でき、怒るべきこと・そうでないことの区別がつくようになった」と喜んでおり、会社からも重要な仕事をまかされるようになったそうです。

また、シビアな話をするときに相手ともめてしまうことが多かったBさんは、コミュニケーションの仕方を修正したことで、ガマンせずに意見を伝え合うことができるようになりました。「相手を受け入れられていない自分に気がつくことで、相手の話を聞く習慣ができた」と喜んでいます。

Chapter

06

ANGER
MANAGEMENT
mirudake note

過剰に怒らない
体質をつくる

つい怒ってしまうという根本的な問題を解決したいのであれば、コアビリーフを見直す必要があります。どんなコアビリーフも、その人の経験から来る価値観なので間違いとは限らないのですが、自分と他人にとって長期的に見てプラスなのかどうかという意識が大切です。

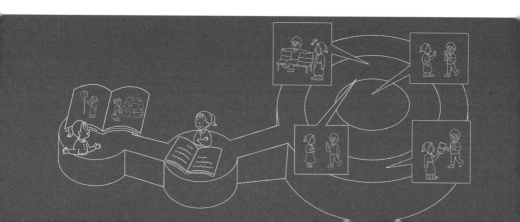

01 心の器を大きくする

ネガティブな感情が怒りに変わるかどうかは、心の器の大きさによります。価値観を見直すと器は大きくなります。

「こうあるべきだ」というコアビリーフが破られたときに、ネガティブな感情が高まり、怒りとなってあらわれます（p42）。それはまるで、心のなかにある器がネガティブな感情でいっぱいになり、怒りとなってあふれ出てくるかのようです。そして**心の器は、人によって大きさが違うという特徴があります。**すぐにネガティブな感情でいっぱいになり、怒りがあふれてしまう人もいれば、すこしぐらいネガティブな感情がたまっても怒らない人もいます。アンガーマネジメ

怒りやすさは心の器の大きさ

なんでそんなことするんだよ！

心の器が小さい人
・すぐ感情的になる
・怒りやすく
　怒られるのが苦手

自分とは違うけどそういう考え方もあるんだ

心の器が大きい人
・余裕を持って他人を
　許容できる

ントによる体質改善とは、心の器を大きくしていくことだと言えます。自分の価値観を見直すと、相手の「こうあるべき」を受け入れられるようになります。**「なんでこうではないんだ！」ではなく「そう考える人もいるんだな」と受け止められるようになると、ネガティブな感情が生まれても怒りにくくなり、心の器は大きくなります**。また、怒りが生まれるきっかけである**トリガー思考**（p144）に気がつけると、より怒りがあふれにくくなります。価値観を見直し、トリガー思考を探るのはストレスがかかる作業です。すこしずつ、無理をしないように自分と向き合っていきましょう。

心の器を大きくする方法

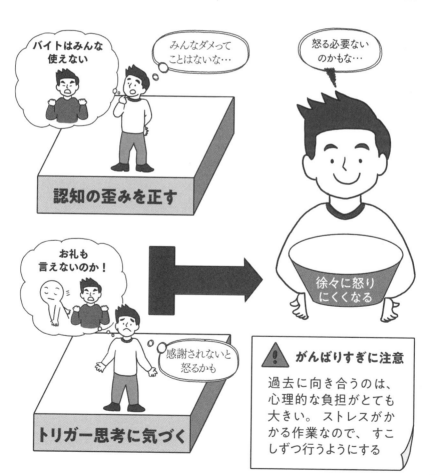

02 怒りの傾向を知る アンガーログ

自分の価値観を知るためには、怒りを記録していくのが近道です。怒りを感じたらなるべく紙に書き出すようにしましょう。

自分の価値観であるコアビリーフを見直すには、怒りを客観視することが大切です。スケールテクニック（p106）で怒りを数値化したように、**客観視することが「怒りの見える化」につながり、怒りの原因である自分の歪んだコアビリーフの発見につながります**。より「怒りの見える化」がしやすいのが、アンガーログというテクニックです。感じた怒りの詳細を紙に書いて記録することで、自分の気持ちを整理できるうえ、紙に記録を残すことで自分の認識の変化や行動の変

怒ったらすぐに記録する

化がつかみやすくなります。アンガーログには、日時・思ったこと・感情の強さ・実際にとった行動・その結果を記録します。感情の強さとはスケールテクニックで数値化した、怒りの強さと同じです。書いていると、「なんであんなに怒ったんだろう」と怒りを分析したくなりますが、書いているときは分析をしないように心がけてください。**主観は入れずになるべく客観的に記録することで、あとからする分析の精度が上がります**。また、怒りを感じたときにすぐ記録する習慣をつけると、ログがたくさんたまり、自分の怒りの傾向やその裏にあるコアビリーフがつかみやすくなります。

アンガーログ記入のコツ

アンガーログの見本

> **日時**：8月15日
> **できごと**：上司から注意を受けた
> **思ったこと**：
> プロジェクトの進行について
> 頭ごなしに注意された。
> 「わかっていないくせに」
> と思った
> **感情の強さ**：8/10 段階
> **行動**：
> 「それは違います」と
> 言い返してしまった
> **結果**：口論になり、
> 気まずい雰囲気に

Point ❶

なんであんなに怒ったんだろう？

✕ 書くときは分析しない

Point ❷

絶対にあいつが悪い

✕ 主観は入れない

Poin ❸

こんな傾向があったのか！

◯ たくさん書く

03 ストレスログで 怒りを分別する

変えられることと変えられないことを認識し、優先順位をつけられるようになれば、ストレスを減らしていけます。

世の中には自分の力ではどうにもならないことがあります。「会社に嫌いな上司がいる」「人とくらべて目が小さい」など、コントロールできないことにストレスを感じてしまうのはもったいないことです。なぜなら、**人はストレスが多いほど怒りやすくなってしまう**から。リラックスしているときと忙しいときのどちらが怒りやすいかを考えればわかるように、**ストレスと怒りは相関関係**にあります。逆に言えば、変えられないことにストレスを感じなくなれば、怒りにくい体質

書き出すことで怒りのもとを断つ

になります。その手段のひとつが怒りを書き出し、分類するストレスログ。まず、自分のストレスを紙に書き出していきます。明確にするとストレスは減るので、たくさん書き出すようにしましょう。そしてそれを「自分で変えられるかどうか」「重要かどうか」という視点で４つに分類し、分類した理由もあわせて書きます。**重要で変えられることを克服すればストレスを減らすことができます。重要で変えられないことは、それを認識し、別のことを考えるように心がけます。**重要度の低いものより、重要度が高いできることから優先的に取り組むようにしましょう。

書き出したストレスを分類する

ストレスログの4分類

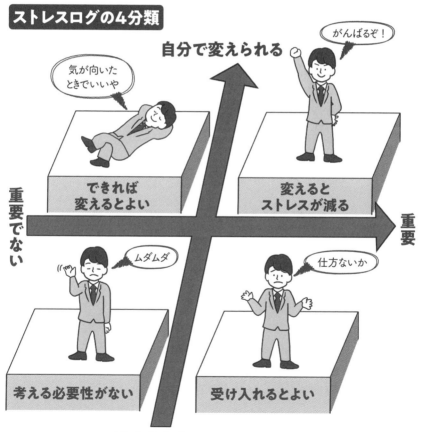

自分で変えられる

がんばるぞ！

気が向いたときでいいや

できれば変えるとよい

変えるとストレスが減る

重要でない

重要

ムダムダ

仕方ないか

考える必要性がない

受け入れるとよい

変えられない

04 自分の価値観を把握する 「べきログ」

アンガーログをもとにふりかえると、自分の歪んだコアビリーフが見えてきます。ムダに怒っていないか見直しましょう。

アンガーログ（p130）で怒りを感じたできごとをたくさん書き出せたら、次はそれをもとに「べきログ」をつけて、自分の価値観を見直してみましょう。アンガーログを見直して気になるできごとを選び、その裏にあるコアビリーフを推測して書き出すのです。**いくつかのできごとをふりかえってみると、とくに怒りにつながりやすいコアビリーフが見えてきます。**そのコアビリーフが妥当なものかどうかをあらためて考えてみるようにしましょう。価値観を見直すうえでは、自

「べきログ」でアンガーログをふりかえる

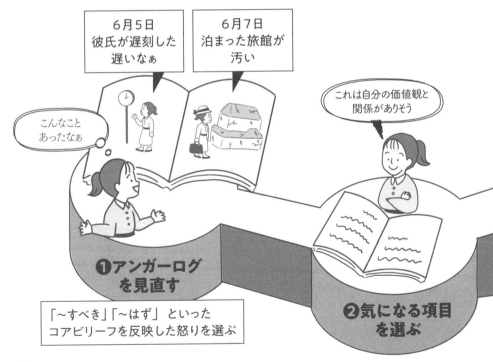

6月5日
彼氏が遅刻した
遅いなぁ

6月7日
泊まった旅館が
汚い

これは自分の価値観と
関係がありそう

こんなこと
あったなぁ

❶アンガーログ
を見直す

「～すべき」「～はず」といった
コアビリーフを反映した怒りを選ぶ

❷気になる項目
を選ぶ

分のなかの境界線を再認識してみるのもおすすめです。下図のように、「許せる」「まあ許せる」「許せない」の3段階を示した三重丸を紙に書きます。そしてアンガーログや「べきログ」を見ながら、自分の価値観を**マッピング**するのです。例えば、相手の遅刻に怒りが生まれてしまう場合は、遅刻に対しての価値観を書き込みます。**どの条件ならぎりぎり許せるのかなど、いろんなパターンを書き込んだら、「まあ許せる」のゾーンをもっと広げられないかを考えます。**実は許せるはずなのに怒ってしまう場合が多いので、境界線付近の価値観を明確にすると、必要のないことで怒りにくくなります。

境界線を見直してみる

30分前（早すぎ）
→まあ許せる

10分前～5分前
→許せる

許せない

まあ許せる

許せる

1分遅れ→許せない

5分前～ちょうど
→まあ許せる

❸自分の許容範囲を3段階に分け
マッピングする

05 自己受容度を高める サクセスログ

自分のことを認められない人ほど、怒りにふりまわされやすく
なります。成功体験を記録し、自尊感情を高めましょう。

人間は不完全な生き物です。誰しもが得意・不得意なことがあり、すべてのこ
とを完璧にこなせる人はいません。そのため自分のよい部分も不完全な部分も
どちらも認めて肯定するのが大切ですが、どうしても他人とくらべてしまうタ
イプの人がいます。そういった**自己受容度の低い人は、自信のない自分を守る
ため攻撃的なふるまいをしてしまったり、自信のなさから何も言えずに怒りをため込
んでしまう傾向があります**（p82）。攻撃的な人はちょっとしたことで怒りやすく、

自己受容度が低い人は自分を認められない

どっちも自分！

よい部分

不完全な部分

自己受容度の
高い人

自分も人も
ちゃんとするべき

不完全な部分

自己受容度の
低い人

そんなんじゃ
よいと言えない

一方で…

よい部分

自己受容度の
低い人

自分を認められず
自信が持てないため
自己防衛のために
怒る場合もある

何も言えない人はストレスをため込んで限界に来ると激怒してしまいます。ムダなことで怒らない穏やかな自分になるためには、自己受容度を高めることが必要なのです。ちょっとした**成功体験**を記録していくサクセスログであれば、すこしずつ自己受容度を高めていくことができます。**成功体験以外にも得意なことや、自分が誇らしいと思える内面・外面を書いても構いません。**「掃除がきれいにできた」「面倒見がよい」「鼻が高い」など、自分のよいところを受け入れる作業をしていきましょう。ルールは誰かとくらべないこと。他人よりたいしたことがなくても自分にとっては長所だと認めることが大切です。

成功体験を記録し、受容度を高める

人とくらべると書けなくなる

完璧でなくても自分を受け入れる

悪循環を崩す
ブレイクパターン

06

いつも怒ってしまう状況があるときは、ひとつだけ行動を変えて、怒りのパターンを克服しましょう。

アンガーログで怒りの傾向がつかめてくると、ある共通点が見えてくる場合があります。それは、常に怒りの相手が年配の男性だったり、仕事に追われている最中だったりといった共通点です。「忙しいときにスケジュール変更があると、いつも怒ってしまう」「課長に問いつめられると毎回反発してしまう」などのケースは、**考えずに同じ対応をとるほうがラクなので、怒るパターンが定着してしまっている可能性があります**。パターンには思考を自動化できるというメリットもあり

人には怒るパターンがある

ますが、それが怒りを引き起こしてしまうようであれば、ブレイクパターンというテクニックを使うのもおすすめです。例えば、スケジュール変更があると決まってイライラしてしまう場合、空いた時間を有効活用すると決めます。時間の使い方を変えて、怒らずに済んだら成功です。このようにひとつだけいつもと違う行動をして、怒りのパターンを崩すテクニックです。**ひとつだけ行動を変えるのは、小さな行動の変化で怒りのパターンを変えられるという感覚をつかむため**。複数変えてしまうと、変化の原因がわからなくなってしまうので、やりすぎないように注意しましょう。

ひとつだけ変えてみるブレイクパターン

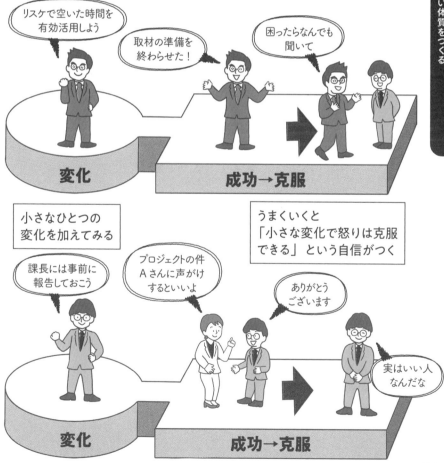

07 ハッピーログで 幸せに気づくようになる

小さな幸せに気づく能力を高めると、心のなかがプラス感情で
いっぱいになり怒りにくくなります。

マイナスの感情が心にあふれてしまうと、怒りが生まれます。プラスの感情で
心が満たされていれば怒りにくくなりますが、**人間は危機管理の本能からか、
ポジティブなことよりもネガティブなことに注目しやすい性質があります**。楽しいこと
やうれしいことは、ささいなことも含めれば数えきれないほどあるはずですが、
「仕事で怒られた」「彼氏にイライラした」など嫌なことがあると、心のなかは
一気にマイナスの感情でいっぱいになってしまいます。また、アンガーログで

プラスの感情に気づくと怒りにくくなる

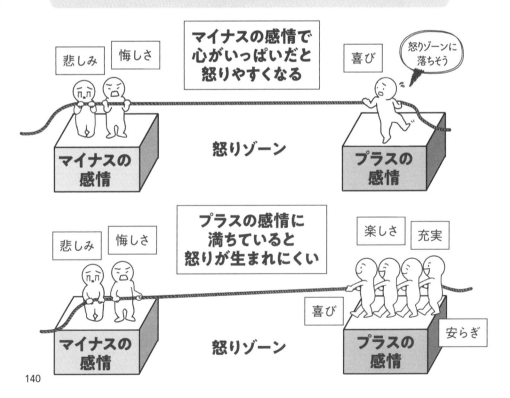

怒りを記録していると、「**思い出し怒り**」をしてしまって心のなかがマイナスの感情でいっぱいになってしまう危険性もあります。心のなかをプラスの感情でいっぱいにして怒りにくくするテクニックが、ハッピーログです。自分が幸せだなと感じることがあれば、そのつど紙にメモをしていきます。**ポイントは、ささいな幸せを見逃さないように注意すること。**「仕事がうまくいった」「プレゼントをもらった」などは自覚しやすいですが、「朝ごはんがおいしかった」「好きなタレントがテレビに出てた」などは忘れてしまいがちです。小さな幸せに気づく能力を高めていきましょう。

ハッピーログとアンガーログを併用する

08 価値観を更新する 3コラムテクニック

アンガーログを活用して、自分のコアビリーフを見直します。
見直すポイントは、「他人から見た」「長期的な視点」です。

怒りにくくなるために見直すべき**コアビリーフの歪み**とは、いったいどんなもの
でしょうか？ **見分けるポイントは、「自分や他人にとって」「長期的な視点から見
て」健康的でプラスなものかどうか**。例えば、「メールはすぐ返信するべき」と
いうコアビリーフは、「自分にとって」「短期的には」プラスになるかもしれません。
しかし、相手にとってはメールを即返信するのは負担ですし、長期的に見たら
即返信を強要すると相手との関係性が悪くなるので、相手にとっても自分にとっ

長期的な視点で怒りと向き合う

てもマイナスです。このような歪んだコアビリーフは、3コラムテクニックという手法で発見と改善ができます。まずアンガーログ（p130）をもとに、下図のように「①怒りを感じたできごと」を書き出します。そして、その怒りはどんな「②歪んだコアビリーフ」から引き起こしてしまったのかを考えます。「①取引先に怒りをぶつけてしまった」なぜなら「②メールはすぐ返信すべき」といった具合です。そして、**それを「長期的に見て」「自分にも他人にも」プラスになる認識に書き換えます**。ここでは、「③メールは忙しくて返せない場合もある。急ぎの場合はこちらから電話する」などと書き換えるのがよいでしょう。

3コラムテクニックの例

09 過去の苦い経験は 繰り返されるわけではない

怒りのきっかけとなるトリガー思考は、過去のつらい経験から
形成され、ささいなできごとへの過剰反応を誘発します。

怒りを引き起こすきっかけとなる考え方を「トリガー思考（p128）」と呼びます。
例えば、「だまされているかも」と感じただけで激しい怒りを感じるようであれ
ば、それがトリガー思考です。**「信頼している人に裏切られた」など、思い出した
くない過去が関係していることが多く、人によって内容はさまざまです。**トリガー思
考を見つけるには、アンガーログ（p130）を活用します。印象的なできごとを
取り出し、「思ったこと・行動・結果」を見直します。そこから自分のなかでど

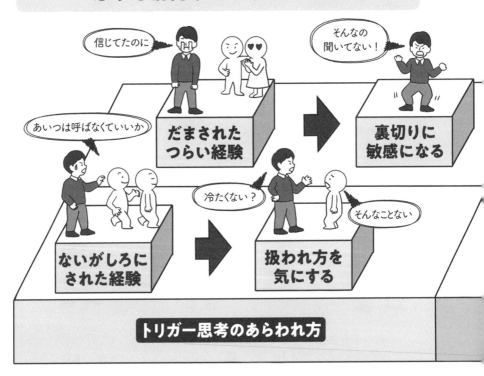

怒りを誘発するトリガー思考

トリガー思考のあらわれ方

144

のような思考が行われたのか、「目に見えない感情・思い」にフォーカスしてみましょう。目に見えるできごとは考えなくてOKなので、自分の怒りの要因は何だったのかを考えてみます。それを複数のできごとで行うと、共通のきっかけであるトリガー思考が見えてきます。そのとき**あらためて認識したいのが、過去に経験した苦しみが同じように繰り返されるわけではないということ**。「だまされた」と感じても、実は相手にだますつもりがなかったということもあります。トリガー思考の原因となった苦しみは過去のことだと理解できると、思い込みからの怒りにさいなまれることがなくなります。

トリガー思考の代表例

バカにされた、利用された、無視された、認めてもらえない、ないがしろにされた、見下された、恥をかかされた、思い通りにいかない、容姿のこと、男女差別・人種差別

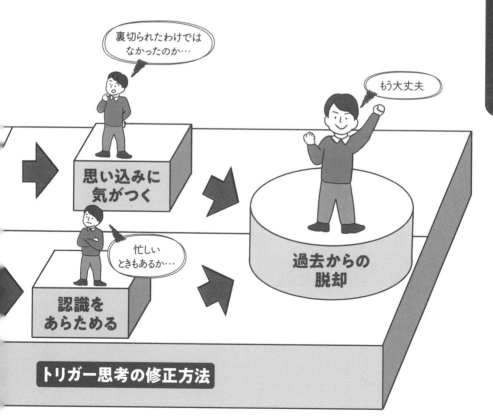

裏切られたわけではなかったのか…

もう大丈夫

思い込みに気がつく

忙しいときもあるか…

認識をあらためる

過去からの脱却

トリガー思考の修正方法

Column 11

3週間で
怒り体質が
改善する

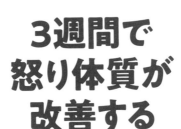

即効性のある衝動のコントロールスキルと違い、自分の怒りを記録し、価値観を変えるのには時間がかかります。一度怒りについて分析するぐらいでは、長年培ってきたコアビリーフは簡単には変わらないからです。アンガーマネジメントが心理トレーニングと言われるのは、知識を身につけただけでは意味がなく、反復練習が必要だからです。

1. 技術を学ぶ
2. 失敗を重ねながら練習を重ねる
3. さらに意識的に練習を続ける
4. ほかのことをしながらでもできるようになる

という4つの段階を経る必要があります。

しかし、安心してください。4にたどり着くためのコツがあります。それは「まずは3週間」と決めて継続することです。

目安として3週間続けることができれば、習慣化すると言われています。

「アンガーログ」をはじめとした認識の修正を、3週間毎日すこしずつ取り組むことができれば、それ以降も継続的に自分の価値観を見直す習慣がつきます。たった3週間とはいえ毎日取り組むことに不安を感じるかもしれません。そんなときは、3週間取り組むメリットを想像してみましょう。

1. 3週間取り組めば、認識の修正は習慣化します
2. 認識の修正が習慣化すれば、価値観が変わり
   ムダなことで怒りにくくなります
3. 怒りにくくなれば、どんなトラブルがあっても、
   心穏やかに乗り越えられるようになります
4. そうすれば周囲からの評価が上がり、今は
   想像もつかない体験ができます

といったように具体的な想像ができると、継続するモチベーションになります。

適度な運動で
ストレスを
発散する

怒りにくい体質をつくるためには、ストレスをためないことが大切です。では、どのようなストレス発散が効果的なのでしょうか？

一番やってはいけないのは、「飲食をしながら愚痴を言い合う」です。それをしているときは気分がいいかもしれませんが、これは怒りのもととなったできごとをしっかりと脳にインプットしてしまいます。受験で英単語を覚えるときに声に出しながら覚えるように、何回も口にすることで完全に脳に定着します。また、アルコールや食事で脳を刺激しなが

悪口は
よくないよねぇ

結局自分が
損するからね

元気よく
手を降って

行きましょう

ら愚痴を言うと、五感を使って英単語を覚えるかのように
記憶に残っていきます。深く記憶に残った不快なできごと
が、愚痴を言うたびに誇張されてしまう場合も数多くあり
注意が必要です。

おすすめのストレス解消法は、長時間続けられる適度な
運動です。ジョギング、サイクリング、水泳、ストレッチな
ど、無理なく続けられるものがいいでしょう。これらは精神
を安定させるセロトニンの分泌に効果があります。長距離
マラソンなどのハードなスポーツや筋トレなどの自分を追い
込むトレーニングは、逆にストレスになる場合もあるので避
けたほうが無難でしょう。

ヨガやマインドフルネスなど、精神的に効果があるような
取り組みもおすすめです。呼吸をきっかけとして自分のメン
タルを観察できるようになると、自分の調子を感じとりやす
くなります。また、「今日は調子が悪い」ということがわか
れば、怒りへの対策もとりやすくなります。

07

ANGER
MANAGEMENT
mirudake note

相手の怒りに
影響されない

自分ではなく相手が怒りをぶつけてきたとき、上手に対応しないとこちらも怒りを感じてしまいます。考え方しだいでクレームなどの怒りに対応するのがとてもラクになります。5章のスキルと併用して、穏やかな心で応対できるようになりましょう。

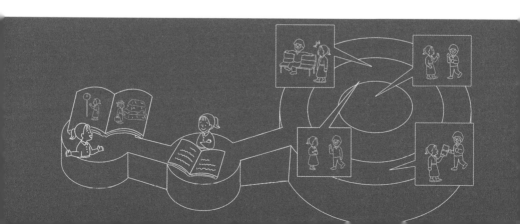

01 相手の「べき」に惑わされない

自分の主観を押しつけてくる相手にたいしては、相手の言動に過剰反応せずに、一旦受け入れてあげるといいでしょう。

怒りをぶつけてくる相手はどんな場面でもやっかいなものです。言い返すと口論になってしまう場合があり、ガマンすると不満がたまります。そういう相手は自分の主観である「べき」を押しつけてきます。例えば、年配の上司に「そのやり方はおかしいぞ！　このやり方でやれ」ときつい口調で言われたときは、**「この作業は A というやり方でやるべき」** という主観を押しつけてきているのです。そんなとき、**売り言葉に買い言葉**で「それは昔だから通用したやり方ですよね」

感情的な相手に要注意

その仕事の
やり方はおかしい

なんだと

ひどい！

**言い返すと
修羅場に**

ガミガミ

なんてことを
言うんだ

**気をつけないと
相手の怒りにふり
まわされてしまう**

**ガマンすると
不満がたまる**

と完全否定してしまうと、相手をさらに怒らせてしまいます。「おかしい」など相手の否定的な言葉にムッとせず、相手の「べき」を分析したうえで一度受け止めてあげるのが得策です。「この人の経験ではこれが正しかったんだろうな」と相手の立場を尊重しつつ、「そんなやり方があるんですね。今はこういうやり方で進めるケースもありますが、いかがですか？」と**相手を受け入れる言葉をワンクッションはさんでから、意見を伝えるのがよいでしょう**。どうしても相手の怒りに過剰反応してしまいそうなときは、5章の衝動をコントロールするスキルを使いつつ、平常心を心がけるようにしましょう。

相手の「べき」を分析する

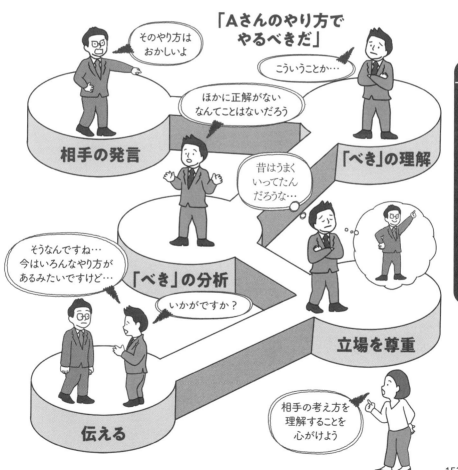

02 相手の感情を俯瞰する

怒りをぶつけられたとき、つられて怒らないようにするのが大切です。相手と自分を切り離せるようにしましょう。

うれしいや悲しいも含め、感情は周囲に伝染すると言われており、これを**情動伝染**と言います。怒りは感情のなかでもエネルギーが強いので、とくに他人へ伝染しやすい特徴があります。そのため相手に怒りをぶつけられると、冷静に対応しようと思っても怒ってしまう場合があります。**相手が感情的になっているときは、「これは相手が生みだしている感情なんだ」と俯瞰するのが大切です。**相手と自分の間にバリアを張るようなイメージで相手の感情と自分の感情を切り

相手の怒りと距離をとる

離すことができると、相手の怒りにつられにくくなります。相手の怒りが強いときには、5章でやったようなスキルを使うとよいでしょう。今にも生まれそうな怒りに意識を向けず、頭を違う方向に使うことで怒りの衝動をコントロールできます。一度、大きく深呼吸をして、すこし間を置くと相手のペースに引きずり込まれずに済みます。これらの対応をして冷静になれたら、**「この人は勝手な思い込みをしています」「それが破られたので怒りが爆発しているようです」と頭のなかで相手の心のなかを実況中継します**。より相手の心を客観視できるようになるため、自分の心を落ち着けることができます。

相手の感情に巻き込まれない方法

03 相手の主張を一旦受け止める

相手が怒ってきたときは反論したくなるものですが、一度受け入れる習慣が持てると、人間関係が悪化せずに済みます。

相手の勘違いや思い込みで怒りをぶつけられてしまう場合があります。ただでさえ相手の態度にイライラしているのに、さらに勘違いで怒りをぶつけられたとあれば、「そんなことはしていません！」と強い口調で返答したくなります。ですが、すでに冷静さをなくしている相手には、気をつけないとさらに怒りを買う可能性があります。**大切なのは、それが間違っていようとも、相手の言い分を一度受け止めること。**例えば、上司が「おい、取引先になんて対応して

相手の主張を即否定はNG

勘違いで怒りをぶつけられることも

え、なんのこと?

おい、取引先になんて対応してくれたんだ！

なんだと

なんなんですか！いきなり

反発すると余計に怒りを買ってしまう

くれたんだ！」とつめ寄ってきたとき。身に覚えがないために、「なんなんですか、いきなり！」と反発すると、相手はさらに逆上してしまいます。まずは、「A社の件でクレームがあったということですね。申し訳ありません。その件について身に覚えがなく、恐れ入りますがもう一度教えていただけませんか？」と、**事実関係を確認して相手の言い分を受け止めるようにしましょう**。そうすることで、相手もすこし落ち着きます。そのあと、「記憶にないので直接確認してよろしいですか？」のように、どうしたいのかを伝えると、「やった・やってない」「言った・言ってない」の言い争いを避けることができます。

まずは一度受け止める

おい、取引先に
なんて対応
してくれたんだ！

え、なんのこと？

確認する

すみません、A社の件
でしょうか。何があったか
教えていただけますか

担当者がひどい
見積もりを送ってきたって

相談

記憶にないの
ですが、直接
確認してよろしい
ですか？

どうしたいのか
を伝えると言い
争いにならない

04 相手の気持ちに共感する

クレーム対応など、怒っている相手に納得してほしいときは、
怒りの裏にある気持ちを理解してあげるとよいでしょう。

怒りをぶつけられたとき、どんなに解決案を提示しても相手の怒りが収まらない場合があります。そんなときは、怒りの裏にある相手の気持ちに目を向けるのが大切です。怒りは自分のコアビリーフが破られて、「悲しみ」「寂しさ」など**ネガティブな感情が強くなる**ことで生まれます（p42）。例えば、「なんだこの商品は！　代表者を出せ」と**ものすごい剣幕で怒りをぶつけてくるような相手にも、「楽しみにしていた商品が、期待通りでなくてがっかり」というような別の感情があった**

クレーム対応では相手の気持ちを推測する

158

のです。怒りは自分の不満を伝えるために備わった感情なので、自分の本当の気持ちをわかってもらえると、怒りはやわらぎます。そのため、相手に納得してほしいときは、相手の本当の気持ちを推測するのが有効なのです。先ほどのクレームの例であれば、**「楽しみにしていただいていたのに、誠に申し訳ございません」という言葉があるだけで、相手の態度が軟化します**。逆に言えば、どんなに相手にメリットがある解決策を提案しても、心情を理解してもらえないと思われれば納得してもらえません。本当の気持ちがわからなくても理解しようとする姿勢は伝わるので、相手の感情を推測する習慣をつけましょう。

理解する姿勢が相手に伝わる

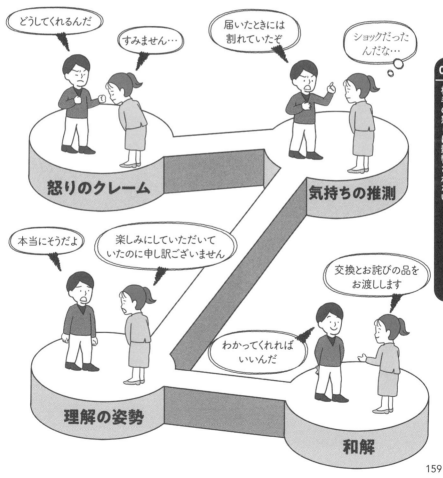

05 クレームは 橋渡し役として対応する

クレーム対応によるストレスを減らすには、自分の役割を正しく認識することが大切です。

怒りに向き合うのは、エネルギーを使う作業です。クレームに対応するような業務につくと、「自分が批判された」と思って落ち込んだり、「あの言い方は許せない」と怒りが生まれたりしてしまいます。**クレームによるストレスを減らすには、自分の意識を変えるのが有効です。**クレーム対応を「**お客さんと会社のやりとり**」と認識するのです。「お客さんと私のやりとり」と認識してしまうと、負担がとても大きく感じてしまいます。「なんとしてでもここで納得してもらわなきゃ」

クレームに過剰反応は禁物

と考えると、クレームに過剰反応してしまい、コントロールできない相手にイライラしてしまいます。そうではなくて、会社という組織の「橋渡し役」として、お客さんとコミュニケーションをとっていると自覚するようにしましょう。お客さんは担当者を通じて会社に怒りを伝えたいだけで、担当者個人を攻撃したいわけではありません。会社も、担当部署が直接クレームを処理するのが非効率なために窓口をつくっているのであって、必要に応じて担当者に橋渡しをすればよいのです。**お客さんと会社をつなぐ役割をまかされているのだと考えると、クレームに過剰反応しなくて済みます。**

お客様と組織をつなぐイメージが大切

06 スルー力を鍛える

相手の言動がストレスで、何を言っても変わらない場合は、受け流す姿勢を持つことも大切です。

怒りをぶつけられてイライラしてしまうのは、自分にとって本当にもったいないことです。**一般的に見ておかしな言動をしている人や最初から敵対するつもりで関わってくる人にたいして、同じ土俵で戦ってしまうとストレスをためてしまいます。**例えば、「君のダメなところなんだけど」とネガティブな決めつけをしてくる人に、毎回イライラしてしまったらどうなるでしょうか。毎日顔を合わせる人であれば、常にその影響を受けてしまいます。それで自分がイライラしてしまうと、

ときには割り切ることも必要

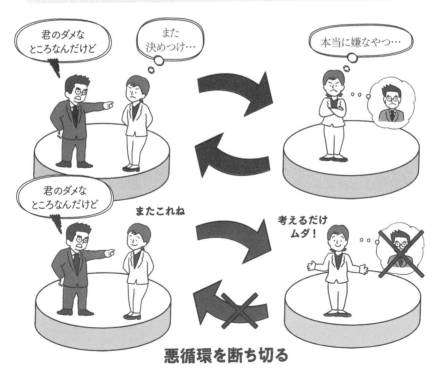

同僚やその家族も影響を受けてしまうでしょう。言っても相手が変わらないようであれば、スルー力を身につけるのがおすすめです。「**考えるだけ時間のムダ**」と割り切ることができれば、ストレスの悪循環から抜け出せるようになります。また、相手の事情を妄想するという方法もあります。「この人は家族とうまくいっていないから、嫌な言い方をしてしまうんだな」などと、思うようにしてみましょう。**正しくなくてよいので、「トイレに行きたくてイライラしているのかな」など、笑ってしまうような妄想のほうが自分の心が軽くなります。**

スルー力を身につける方法

07 事実を明らかにして話す

思い込みで事実を歪めるような相手には、相手を尊重しつつ事実を伝えるのがおすすめです。

激しいトーンで主張してくる相手のなかには、事実ではない思い込みをぶつけてくる人がいます。例えば、「どこの会社も割引してるぞ」と怒鳴り込んできて、割引するように求めてくるお客様がいたとします。実は1社しか割引していないなど、**「どこも」「普通は」は相手の思い込みであることが数多くあります。**その勢いに押されて**事実誤認**をしないように注意しましょう。「割引のご要望ですね。すぐには対応しかねますが、意見として参考にさせていただきます。ただ

事実ではないことを主張する人もいる

し、割引しているのは B 社のみで、弊社はよりアフターサービスが手厚いので、その点をご了承いただけますと幸いです」など、一旦相手の主張を受け止めつつ、冷静に対応できるようになるとよいでしょう。また、普段の会話でも事実ではない決めつけをしてくる人がいます。例えば、「旦那や子どもがかわいそう」と働いている女性に向かって決めつけてくる人。**実際に見てもいないのにそう判断するのは、主観以外の何物でもありません**。よく言われてしまうようであれば、反論する基準を決めておくのがおすすめです。「家族で決めたので、そう言われるとショックです」と必要に応じて伝えるとよいでしょう。

極端な持論には境界線を決めておく

お母さんなのにバリバリ働いているんだ!?

これぐらいならいいか…

そう言う人もいますよね

反論しないレベルの例

旦那や子どもがかわいそう

大丈夫?

家族で話し合って決めたので…「かわいそう」と言われるのはショックです

反論するレベルの例

08 相手の感情を コントロールしない

他人のイライラに敏感な人は、怒鳴り声を聞いただけで不快に
なります。そんなときは自分のできることに集中しましょう。

直接怒られていなくても、身近な人の怒りはまわりに影響を与えます。「職場で
上司が電話で取引先に怒鳴っている」「同僚が上司と口論している」という状
況だと、自分もイライラを感じてしまうことがあります。感情は周囲の人に伝
染するからです（p154）。「本当に部長が最悪で……」といった、**同僚の愚痴**も
同様にイライラを伝染させます。**このような感情の伝染に影響を受けないために
は、自分にコントロールできるかどうかに着目するのがおすすめです。**例えば、上

他人の感情は伝染する

司の怒鳴り声にイライラしてしまう場合、上司に「あんな怒り方しないほうがいいですよ」とは言いづらいでしょう。それをなんとかできるものと認識している間は、イライラは消えません。自分のコントロールできないものだと認めて、「怒鳴り声がはじまったら席を離れる」など、自分にできることをするようにしましょう。一方、同僚の愚痴であれば、話を変えるなど自分でできることはたくさんあります。また聞いてあげるにしても自分と相手の感情を切り離すように意識しましょう。**相手の感情はコントロールできないものなので、自分でコントロールできることに意識を向けられるとイライラが減ります。**

コントロールできるかどうかに着目する

価値観の違いは異文化だと割り切る

どんなに怒らないように心がけていても、自分の価値観が人と食い違う場合は必ずあります。そんなときはショックを受けたりせずに、相手を尊重しつつ自分の考えを伝えることが大切です。とはいえ、あまりに自分にとっての普通と食い違う価値観の人と出会ったときは、冷静でいるのは難しいときもあります。「普段から信じられないぐらい言葉づかいが乱暴な人」「言動が過激な人」など、見るからに自分の許容範囲を超えていそうな人は、なるべく近づきたくないと思ってしまうものです。

おい! ふざけるなよ

いい人の可能性もある…のか?

しかし、相手が「言葉づかいが悪いだけでちゃんとした人」という場合もあります。そういうときはあまり言葉に惑わされないほうがいいでしょう。相手のことを異国の人だと思ってみるのがおすすめです。同じ文化で育ってきて同じ言語を話すものと思い込んでいると、価値観の違いに面食らってしまいます。同じ国に住んでいても、育ってきた文化や選ぶ語彙が同じではないのは当たり前のことです。そのため相手を異国の人だと思うと、価値観の違いを受け入れやすくなり、相手を尊重したコミュニケーションがとりやすくなります。

この方法は、異性にたいしてもおすすめです。どうしても感性や見てきたものが違うと「面倒だな」と思ってしまうものですが、「なるほど異国の人はこういう考え方をするのか」ととらえられるようになると、相手を許容しやすくなります。

自分の気持ちを
認めて
整理をする

怒っている人と対峙するときに忘れないでおきたいのは、
自分の思いや価値観を整理しておくこと。怒りを感じたと
きは「相手が悪い」と思い、相手のせいにしたくなってし
まいます。しかし強い怒りが生まれるのは、相手のせいで
はなくて自分のなかにある気持ちが原因の場合があります。

トリガー思考（P128、144）は、その代表例です。過
去のつらい経験が積み重なっていた自分の気持ちが、ふ
としたきっかけで爆発してしまうのです。問題は怒りの原因
が自分のなかにあると気がつかないケース。まわりから見

つらいこと…
悲しいこと

めちゃくちゃあった

たら、「そんなに怒るほどではないのに」と思うようなこと
でも、本人は「なんてひどいことを言うんだ」と怒りが収
まらなくなってしまいます。

「もしかしたら怒りすぎかも」という違和感があれば、自分
の過去を見直してみましょう。「思い出し怒り」をしてしま
う可能性があるので、なるべくリラックスして心にゆとりが
ある状態で行うのが大切です。過去のつらい気持ちが見
つかったら、その気持ちと向き合ってみましょう。トリガー
思考による怒りは、過去のつらい気持ちを思い出したくな
いために怒りでフタをしている状態です。過去の苦い経験
が繰り返されるものではないことが理解できると、過剰な
怒りから解放されます。

また自分の怒りに違和感を覚えたら、他人目線で価値観
を見直してみるのがおすすめです。「自分はこうするべきだ
と思うのだけど、どう思う?」と友人や家族にコアビリーフ
について聞いてみるのもよいでしょう。他人からの指摘に
は新たな発見があるはずです。

08 Chapter

...

ANGER
MANAGEMENT
mirudake note

シーン別
気持ちの上手な伝え方

実践的な場面でどのように気持ちを伝えたらいいのかを解説します。7章までの内容が理解できているかどうか、確認しながら読むとよいでしょう。いずれも、「自分の本当の気持ち」を「冷静に相手に伝える」ことがポイントです。

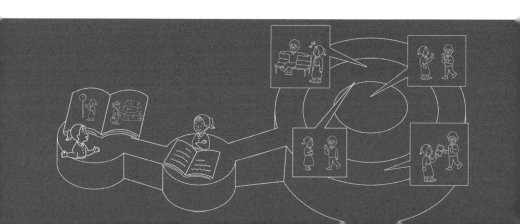

01 信頼している相手に嫌なことをされたとき

悲しい気持ちを感じたときは、それを理由とともにきちんと伝えるようにすると、相手に理解してもらいやすくなります。

相手のことを信頼しているほど、怒りは生まれやすくなります。「この人ならきっと大丈夫だろう」という相手には、「これぐらいは当然やるべき」という思考が働きやすいからです。ずっと一緒にやってきたビジネスパートナーにないがしろにされると悲しい気持ちになるように、**期待が裏切られたことでネガティブな感情が生まれ、それが怒りに変わります**。悲しい気持ちから怒ってしまったときは、何について悲しいと感じたのかを伝えるようにしましょう。怒りにまかせて「な

悲しい気持ちが怒りにつながる

なんだよ
その言い方は

なんでそんなこと
するの！ もういい！

この人のことは
信頼していたのに…

**感情的な言葉に
相手も不快になる**

**悲しみが伝わらず
怒りだけが伝わる**

んでそんなことするの！」と感情的になってしまうと、相手の神経を逆なでする
だけで悲しい気持ちは伝わりません。「たいして悪いことをしていないのに、な
ぜこの人はこんなにも怒るのだろう？」と思われてしまいます。信頼している
人に嫌なことを言われたときは「よい関係が築けていると思ったのに、そんな
ことを言われて悲しい」、約束を破られた場合は「信頼していた分、悲しいし、
今後の仕事に不安を感じる」と、どんな理由でどう感じたのかを伝えるように
しましょう。**信頼していたこと、悲しい気持ちにさせたことが伝われば、相手に自
分の気持ちが理解してもらいやすくなります。**

何が悲しかったかを伝える

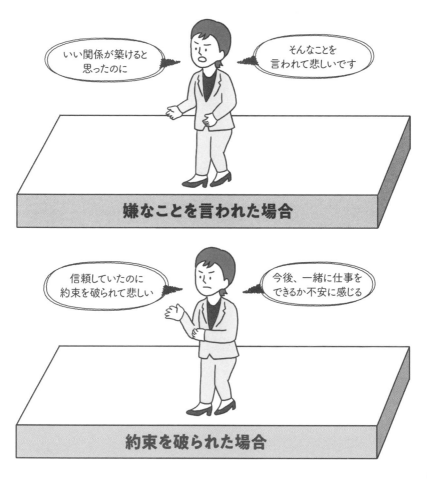

いい関係が築けると
思ったのに

そんなことを
言われて悲しいです

嫌なことを言われた場合

信頼していたのに
約束を破られて悲しい

今後、一緒に仕事を
できるか不安に感じる

約束を破られた場合

02

成果を認めて
もらえなかったとき

努力が報われないとき、怒りではなく悔しい気持ちを伝えると
物ごとが好転することがあります。

努力すればするほど、評価されなかったときの悔しさは倍増します。「本当は自分だってもっとやれるのに」「なんであいつが認められて俺は認められないんだ」「ここまでやったのに評価する人たちはなんて見る目がないんだ」と、悔しい気持ちが怒りに変わっていきます。そして**怒りにふりまわされてしまうと相手をおとしめる発言をしてしまったり、負け惜しみを言ったりして、逆に自分の評価を下げてしまうこともあります。悔しい気持ちをバネに**して活力へと変えられればよいものの、

悔しい気持ちが攻撃につながる

なかなかうまく切り替えられる場面ばかりではないでしょう。**そんなときは、他人のことは話題にせず、自分の悔しさを潔く伝えます。**嫉妬してしまいそうな評価を受けた人にたいしては、「私もがんばったのに、正直悔しいな」と、相手の評価への不満は話さずに素直な気持ちを伝えましょう。自分の努力を相手が認めてくれるかもしれません。また、納得できない評価をした人にたいしては、「成果を出してきたはずなので、評価されないのが悔しいですし、困惑しています」と評価への不満ではなく自分の気持ちを伝えます。そうすると、波風を立てずに悔しい自分の気持ちを伝えることができます。

他人のことには触れないようにする

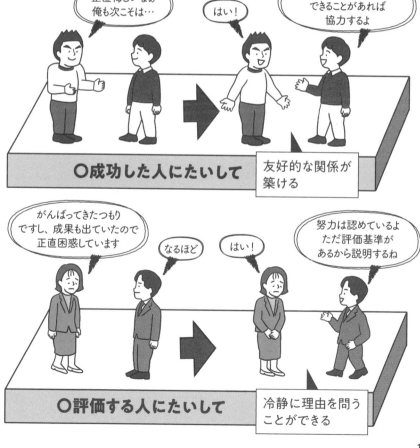

03 人格を否定されるような言い方をされたとき

攻撃的な言動をされたときは、言葉を失ってしまわずに、落ち着いた態度で率直なコミュニケーションを心がけます。

怒りをぶつけがちな人のなかには、無意識に自分の弱さを守るため、**攻撃性の高い言動**をするタイプがいます（p82）。そのような人は、相手を威圧して自分の価値観を押し通すために、相手の人格を否定するような発言をする場合があります。例えば「あなたはこういうところが本当にダメ」と、**できごとではなく相手自身を否定することで優位に立とうとする**のです。いきなりそんなことを言われた相手は、予想外のことに戸惑ってしまうはずです。それで困惑してしま

予想外のことを言われると困惑する

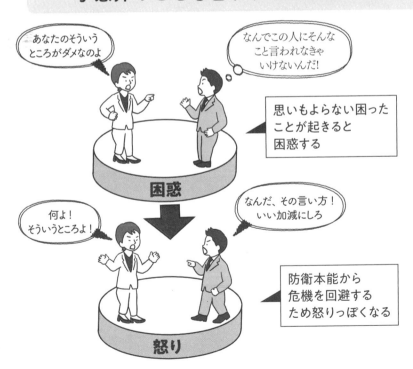

あなたのそういうところがダメなのよ

なんでこの人にそんなこと言われなきゃいけないんだ!

思いもよらない困ったことが起きると困惑する

困惑

何よ！そういうところよ！

なんだ、その言い方！いい加減にしろ

防衛本能から危機を回避するため怒りっぽくなる

怒り

い、思わず激怒してしまったり、言葉を失って何も言えなくなってしまいます。こちらも怒ると言い争いになってしまいますし、何も言わないと相手はさらに攻撃性を高めます。**相手から急な人格批判をされたときは、落ち着いた態度で困惑していることを伝えましょう。**「急にそんなことを言われて、なんと言ってよいか戸惑っています」と冷静に伝えると、相手は我に返るか、優位に立とうとした思惑が失敗して困惑します。相手の感情に飲まれないようにしつつ（p154）、自分はお互いを尊重するコミュニケーションを心がけるようにしましょう。

困ったときこそ落ち着いて伝える

あなたのこと前から気に入らないと思ってたの

えっ!?

落ち着いた対応

急にそんな…戸惑います

NGな対応

困惑

そんなこと今まで言ってなかったじゃないか！

怒りの感情のまま思ったことを言う

感じた気持ちを伝える

ムカつくわ

なんだと！お前こそ…

ごめんなさい言いすぎたかも

感情的な言い争いに

相手の攻撃性を弱められる

04 うまくいっていないことを 理解してもらえないとき

相手への不信感が、自分のなかの不安な気持ちから来ている場合があります。不安を打ち明けるのがおすすめです。

うまく物ごとが運んでいないときほど、ストレスがたまります。仕事の資料作成を何度もやり直しさせられたり、大きなプロジェクトの準備が順調でなかったりすると、嫌でもピリピリしてしまうものです。そんなときに、周囲の人に理解してもらえないと、怒りが生まれてしまうことがあります。**「上司は部下のことをわかってあげるべき」「困ったときは助けてくれるべき」というコアビリーフが破られることで、不安な気持ちが高まり、怒りが生まれます。**「失敗したらどうしよう」

わかってもらえないことがストレスになる

明日までにつくり直してもらえるかな

どこが悪いかまったくわからない

プロジェクトいい感じだね

全然自信がない。けど言えない…

何をすればいいか
わからずストレスになる

とにかく自信が持てず
ストレスになる

という本当の気持ちに気がつかずに怒りをぶつけてしまうと、協力が得られないままで問題も解決しません。**まわりにわかってもらえないと感じるときほど、自分からどうすればよいか聞くようにしましょう**。資料のつくり直しを指示されたら、「かしこまりました」と一旦受け入れたうえで、つくり直すときに「改善箇所を具体的に教えていただけますか?」と聞くようにしましょう。大きなプロジェクトの前に不安があるときは「スケジュールのことが不安で……」と相談しましょう。自分のなかの不安が怒りを生みだしていることに気がつけると、スムーズに物ごとがまわりはじめます。

こちらから聞くと道が開ける

この資料だけど明日までにつくり直してもらえるかな

かしこまりました

つくり直しですが改善点を具体的に教えてもらえますか

具体的に聞く

何をすればいいかわからない場合

プロジェクトいい感じだね。楽しみにしているよ

ありがとうございます

ですがスケジュールが不安で。今のままでいいんでしょうか?

不安を正直に伝える

とにかく自信がない場合

05 言うことを聞かない部下を叱るとき

理由とやり方を具体的に伝え、挽回するチャンスを与える習慣をつければ、反発されずに信頼されるようになります。

叱ることにたいする苦手意識を持っている人は、数多くいます。「強く言うと嫌われてしまうのではないか」「パワハラととられてしまうのではないか」と積極的に叱れない一方で、「なんでこんなことするんだ！」と怒りにまかせて注意してしまう場合もあります。**上手に叱れるようになるためには、まずは叱る目的を整理するところからはじめましょう。**叱るのは、「相手の成長を願い、望ましい行動をしてもらう」ための**動機づけ**です。決して悪いことをした相手を追いつめたり、

「叱る」のは相手を成長させるため

自分の思うままに相手を動かす手段ではありません。相手が自分の判断で望ましい行動がとれるようになれば、会社としても業務がラクになります。そのためには、相手を威圧して言うことを聞かせたり、人格を否定したりしてはいけません。**なぜ叱っていて、どのようにしてほしいのかを具体的に伝えたうえで、挽回するチャンスを与えるようにしましょう**。そうすることで相手もやる理由とやり方を理解したうえで取り組めるので、成長するための機会ができます。大切なのは、そのときに伝えすぎないことと、相手の事情にも耳を傾けることです。信頼関係が生まれれば、その分、部下の成長も早くなります。

KEY WORD → ☑ ぶれずに自分の考えを伝える

06 逆ギレしてきた仕事相手に対応するとき

すごい勢いで正当性のないことを、相手が主張してくる場合があります。負けずに自分の主張を伝えられるようになりましょう。

ビジネスの場面では、お互いの「こうあるべき」がぶつかり合ってしまい、言い争いになる場面がたくさんあります。「そんなスケジュールでやるべきではない」「一度決定したものの、やっぱりこうあるべきだ」のように、自分のなかの「べき」を相手の立場を尊重せずに伝えてしまうとケンカになってしまいます。かといって、**相手の怒りにひるんでしまい、自分の意見を伝えられないのは問題です。**相手の発言をすべて受け入れてしまえば、「こいつには怒ればなんとかなる」と

相手の怒りにひるんで受け入れるのはNG

■ダメな例

こんなスケジュールだとできるわけないですよね

相手の威圧的な態度を前に相手の主張をすべて受け入れてしまう

威圧的な相手

はい…そうですね難しいですよね

萎縮した自分

自分の考えをひとつも伝えられていない

思われてしまい、感情的になられてしまいます。そのような事態を避けるには、**ぶれずに自分の考えを伝える**ことが大切です。例えば、**「こんなスケジュールではできない」と言われたら、一旦「難しいですよね」と相手の言い分を受け止めたうえで論点を整理します。**「何にどれぐらいかかるのか」「作業を軽減したらできるのか」と条件を明らかにしたうえで、あらためて自分の意見を伝えるようにします。もし「発売日に絶対に間に合わせたい」などのゆずれない事情があれば、根気強く主張するようにしましょう。

ぶれずに自分の考えを伝える

■よい例

スケジュールが
厳しいとのことですね

何に何日
必要ですか？

こちらは発売日に
間に合うように
したいのです

事実を確認する

希望を伝える

たしかに
難しいとお思いに
なりますよね

でしたら××の
部分だけでもお願い
できないですか

Aが○日必要で
予定通りに終われば
Bもできますよね？

○×

**相手の主張を
受け止める**

**あらためて希望を
伝える**

07 同僚や友人に嫉妬しているとき

相手をうらやましく感じてしまうときは、自分のよいところやとるべき行動に目を向けるようにしましょう。

人間は他人と自分をくらべてしまう生き物です。**とくに自分と同じようなレベルだと思っている相手が成功したりすると、「なんであいつばっかり……」と卑屈な気持ちになってしまいます。**そこで「俺のほうががんばってるのに」「あなたはちやほやされていいよね」などと、相手をおとしめるような発言をすると、自分の評判を下げてしまいます。嫉妬心にとらわれてしまったときは、まず**自己分析**するところからはじめてみましょう。「相手の何がうらやましいのか」「自分がで

嫉妬心は自己分析で対策する

きないことだから悔しいのか？」「本当に自分のできないことなのか？」つきつめて考えると、自分のとるべき対策が見えてきます。例えば、自分にもできることなのであれば、「私もイベントを成功させるので見ててください」と前向きな気持ちを伝えるのもよいでしょう。自分にはどうにもならないことであれば、「○○さんみたいになりたいな」など素直に気持ちを伝えたり、自分で自分の違うよいところを見るようにします。**大切なのは、「自分」を主語にして伝え、行動することです**。相手を責めずに「自分がどうしたいのか」「自分がどう感じたのか」という観点でふるまえるようになるとうまくいきます。

「自分」を主語にして考える

期待が裏切られたとき

「こうあるべき」という怒りの原因に向き合い、自己分析や気持ちを伝える努力をすれば、怒りに苦しむことがなくなります。

すべての怒りは、期待が裏切られたときに起こるものだと言えます。なぜなら「こうあるべき」というコアビリーフは、**期待のあらわれ**だからです。「あの人は自分の仲間だから約束を守るべき」「自分は役職者だから、成果を上げるべき」という、他人や自分への期待が裏切られたとき、激しい怒りが生まれます。**そんなときは、どんな期待を自分が抱いていて、それを裏切られて自分がどんな気持ちになったのかをふりかえるようにしましょう**。悲しかったのか、がっかりしたのか、

自分の期待が怒りを生む

自分の気持ちを知ることが怒りと向き合うスタートとなります。その期待が過剰なものだったとしたら、価値観や考え方を見直してみるとよいでしょう。そして、何より大切なのが勇気を持って自分の気持ちを相手に伝えることです。もちろん相手にもいろんな感情があることを忘れてはいけません。**「衝動的に怒らない」という習慣を身につけたうえで、相手の気持ちを尊重しつつ自分の気持ちを伝えることができれば、どんな怒りも乗り越えられるようになります。**本書のメソッドが、その支えとなることを心から願っています。

自分の思いを伝え相手の思いを聞く

✕ 衝動的な怒り

理由も聞かず一方的だな

どうして約束を守ってくれなかったんだ！

思い込みが激しくて勝手だ

言い争いになったり評価が下がる

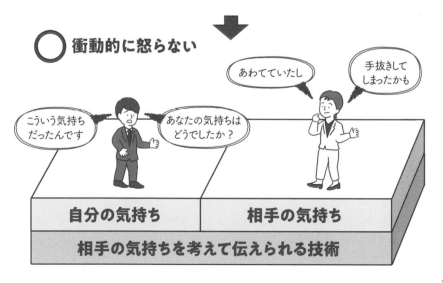

○ 衝動的に怒らない

あわてていたし

手抜きしてしまったかも

こういう気持ちだったんです

あなたの気持ちはどうでしたか？

自分の気持ち

相手の気持ち

相手の気持ちを考えて伝えられる技術

◉ 主要参考文献

『私は正しい その正義感が怒りにつながる 』
安藤俊介（産業編集センター）

『「怒り」を生かす 実践アンガーマネジメント』
安藤俊介（朝日新聞出版）

『あなたの怒りは武器になる』
安藤俊介（河出書房新社）

『アンガーマネジメント』
戸田久実（日本経済新聞出版）

『〈イラスト＆図解〉コミュニケーション大百科』
戸田久実（かんき出版）

『「怒り」を上手にコントロールする技術 アンガーマネジメント実践講座』
安藤俊介（PHP 研究所）

『[図解]アンガーマネジメント超入門 「怒り」が消える心のトレーニング』
安藤俊介（ディスカヴァー・トゥエンティワン）

『アンガーマネジメント入門』
安藤俊介（朝日新聞出版）

『マンガでやさしくわかるアンガーマネジメント』
戸田久実（日本能率協会マネジメントセンター）

『自分の「怒り」タイプを知ってコントロールする
はじめての「アンガーマネジメント」実践ブック』
安藤俊介（ディスカヴァー・トゥエンティワン）

『いつも怒っている人も うまく怒れない人も 図解アンガーマネジメント』
戸田久実 著 / 安藤俊介 監修（かんき出版）

◉STAFF

編集	木村伸司、前川千亜理（G.B.）、内山ゆうき
編集アシスタント	長田毬花
執筆協力	内山ゆうき
本文イラスト	しゅんぶん
カバーイラスト	ぷーたく
カバー・本文デザイン	別府 拓（Q.design）
DTP	川口智之（シンカ製作所）

監修 安藤俊介（あんどう しゅんすけ）

一般社団法人日本アンガーマネジメント協会 代表理事
アンガーマネジメントコンサルタント

怒りの感情と上手に付き合うための心理トレーニング「アンガーマネジメント」の日本での第一人者。アンガーマネジメントの理論、技術をアメリカから導入し、教育現場から企業まで幅広く講演、企業研修、セミナー、コーチングなどを行っている。ナショナルアンガーマネジメント協会において、15名しか選ばれていない最高ランクのトレーニングプロフェッショナルに、アジア人としてただ一人選ばれている。主な著書に『アンガーマネジメント入門』（朝日新聞出版）、『私は正しい その正義感が怒りにつながる』（産業編集センター）などがある。著書はアメリカ、中国、台湾、韓国、タイ、ベトナムでも翻訳され、累計67万部を超える。

もう怒りで失敗しない！
アンガーマネジメント
見るだけノート

2021年 8月24日　第1刷発行
2022年10月25日　第2刷発行

監　修　　安藤俊介

発行人　　蓮見清一
発行所　　株式会社 宝島社
　　　　　〒102-8388
　　　　　東京都千代田区一番町25番地
　　　　　電話 営業:03-3234-4621
　　　　　　　　編集:03-3239-0928
　　　　　https://tkj.jp

印刷・製本　サンケイ総合印刷株式会社